酒井式描画指導で"パッと明るい学級づくり"

1巻

低学年が描く
イベント・行事＝親が感動する
傑作！題材30選

酒井臣吾 プロデュース
神谷祐子 編著

学芸みらい社
GAKUGEI MIRAISHA

刊行に寄せて

1．低学年の学級を活性化させるための四つのポイント

　酒井式では「全員成功させる」ことを大前提としている。

　各種行事や、イベントに酒井式を利用すると一気に子どもたちの活動が盛り上がるのは、一人残らず成功して自己肯定感が高まり、その熱がクラス全体に広がるからである。そこにこそ行事やイベントに作品づくりをすることの大きな意味がある。

　ここでは、低学年の子どもたちを「全員合格」させることによって、学級を活性化するためのポイントについて述べる。

2．まずは「人の顔を」をちゃんと描けるようにすること

　本書のトップに「先生の顔」がある。この題材は「全員合格」のためには不可欠の題材である。なぜなら人の顔もまともに描けなくては、絵の勉強は始まらないからである。単に円の中に目鼻が描いてある図記号のような顔を描いているようでは絵を学習したことにはならない。それは、生きている顔ではないからだ。

　生きている顔とは、ぐるぐる回る眼玉、大声でおしゃべりする口を持つ文字通り「生きている人」の顔を描けるようにすることなのである。そのような顔を描かせるにはなんといってもモデルである教師ののびやかな演技が鍵になる。ここは一番もじもじしたりしないで心を決めて堂々と派手に演技をしてもらいたい。教室が歓声に包まれるくらいがちょうどいい。生きた先生の顔が描けた時の子どもたちの嬉しい顔を見ることができるはずである。

3．「顔」から「全身」へとスムーズに入ること

　顔から全身の描写に入るのはちょっと早い。顔の次は半身の描写に入ろう。「ウサギを抱いた」「あやとりをした」「歯磨きをした」など半身を描く題材はいくらでもある。

　ここでは、手の配置が左右対称にならないことさえ守れば大丈夫である。

　上半身の絵が「全員合格」したら全身の絵に入る。

　全身描写のポイントは、頭部と胴体部を直線状態に結ばないこと。そして、手足が極端に短くならないことさえ押さえたら、あとは描く順序を守れば大丈夫である。こうして人間の動きを自由自在に描けるようになると、子ども自身が自信満々で明

るい表情になってくる。学級全体が生き生きしてきたようにさえ見える。

　低学年の子どもたちは、人間さえしっかり描けるようになれば、あとは少しの応用で動物でも植物でも描けるようになっていく。

4．ただひたすらほめ続けること

　低学年の絵の指導で、一番大切なことを一つだけと言われたら私は「とにかくほめ続けなさい」と答える。筆を持ったら持ち方がうまいとほめ、一本の線をひいただけでも線が生きているとほめ、クレヨンの箱を開いたら開き方がうまいとほめる。

　私はいつも「くしゃみをしてもほめなさい」と言い続けて来た。ほめ続ける限りひたすら子どもの絵は明るく伸びやかに上達し続けるのである。

5．やってはならないNG指導二つ

　NG指導の一つ目は、急ぐことだ。ここまでは終わっておきたいのに、子どもはのんびりと描いている（ように見える）。イライラしてくる。ついそのイライラを表情に出す、声に出す。これは絶対のNGである。子どもを急がせて良いことは一つもない。そもそも表現とは急ぐものではない。ゆっくりそして丁寧であるべきなのだ。

　教師が焦るとその空気は必ず子どもに伝わる。絵に焦りがあらわれる。

　二つ目は、欲張ることだ。もっと良い絵にしたいと思う気持ちは分からないではない。しかし、子どもの都合も全く考えずになんだかんだと描き加えさせるのはやめてもらいたい。いっぱい描けば良いということはない。描くべきものがしっかり描けていることが大切なのである。

　無理に描かせた絵は一目で分かる。絵の中に子どもがいない、そこには欲張りな教師がいるだけである。子どもの絵をもっと良くさせたいという善意？なのかもしれないが、それは子どもの成長には絶対につながらない。心していただきたい。

　敢えて繰り返すが、低学年の子どもたちは、ほめ続ける限り必ず伸び続ける。

　本書が低学年の絵を充実させて、イベント、行事を楽しく実りのあるものにすることに役立ってくれることを願ってやまない。

2017年　1月
酒井　臣吾

まえがき

　私は小学校、中学校の図工や美術の時間があまり好きではありませんでした。それは、学校で先生が何も教えてくれなかったからです。先生は、「今日は、〇〇の絵を描きましょう」等と言うだけで、描き方を教えてくれたという記憶がほとんどありません。だから、「こんなの、家で描いていても同じだなあ」とずっと思っていました。習字教室では、「ここをこのように書いたらいいよ」と教えてくれます。だから、習いに行っても、上手になっていくのが実感できます。しかし、絵は上手に描きたいと思っても、誰もどのように描いたらうまくなるかを教えてくれないので、どんどん嫌いになっていきました。

　教師になって、酒井臣吾氏に出会って、自分自身の絵もどんどん上手になっていきました。すると、やはりうれしいものです。

　「そうか、できないことができるようになるというのは、こういう喜びがあるのか」と実感することができました。

　酒井臣吾氏のもとで学んで、もう20年以上の歳月が流れました。学習の流れもどんどん変化していきました。酒井氏の主張は、20年前とほとんど変わっていません。しかし、なぜか酒井氏の主張が、新しい時代にますますマッチしてきているように感じるのです。基礎、基本を押さえながら、新しいものを作り上げていく。シンギュラリティに対応した、ホスピタリティ、マネージメント、クリエィティビティ、それらが酒井式の理念に即した実践の中に、たくさん組み込まれています。絵画の造形力を学ぶ絵画学習を基盤として、しっかりとアクティブ・ラーニングに結びつけていくことができます。それは、指導者のしっかりとした絵画の指導目標のもとで組み立てられた指導法と指導技術があってこそ生まれるものだと考えます。

　本書は、低学年の行事指導を酒井式描画指導にどのように生かして学級経営に展開していくかを発信しています。

　学校現場の中では、ともすれば「行事をうまくとりおこなうために、取り組みを進める」ことが行われていました。ですから、行事が終わった時に、その「燃え尽き症候群」のようなものがありました。ところが、本来、行事とは学級経営を柱とした、子どもたちの行事の後の成長を促すものでなければなりません。

　そこで、今回、その趣旨も踏まえながら、「行事やその取り組み活動をどのように絵画で表現し、その後の学級経営に結びつけていくのか」ということで、編集い

たしました。酒井臣吾氏のこだわりである「オールカラーの色彩の美しさ」が十分に表現されています。

　本書が、子どもたちの造形力を高め、絵画表現力をつけることでアクティブにその力を活用できる一助になればと願っています。

2017年2月
神谷祐子

目次

刊行に寄せて …………………………………………………… 2
まえがき ……………………………………………………… 4

1学期 「1学期の題材」―モデル作品&指導手順

1 学級開き―担任を大好きに！ 作品づくり作戦 …… 12
  1 「先生の顔」
    ～笑顔のすてきな先生を描いてますます学校を大好きに！～ …… 12
  2 「綿毛を空に飛ばしたよ」
    ～新学期の目標を描こう～ …………………………… 16
  3 「紙皿の絵を使って」
    ～学級掲示にこいのぼり～ …………………………… 20
  4 「自分の顔を描いて、見つけたこと紹介」
    ～学校探検を楽しく～ ………………………………… 24

2 動物や植物と触れ合う―作品づくり作戦 …………… 28
  5 「学校探検、動物大好き」
    ～動物と触れ合って観察する目を養う～ …………… 28
  6 「イルカショー」
    ～切り貼り法で動きが出せるイルカが楽しい～ …… 32
  7 「ザリガニを釣ったよ」
    ～クレヨンと絵の具で楽しく表現！ 生活科～ …… 36
  8 「牛と遊んだよ」
    ～校外学習でドキドキ体験を描く～ ………………… 40

3 生活科の授業がますます楽しくなる―工作作品づくり作戦 …… 44
  9 「ふわふわすいすい」
    ～初めてのお楽しみ会～ ……………………………… 44

10 「きつつき」
　　〜楽しい工作でクラスの森を作ろう〜 ……………………… 48
11 「ブラックフェイス」
　　〜教室をすてきな光で飾ろう〜 …………………………… 52

2学期　「2学期の題材」―モデル作品＆指導手順

4 皆で協力したらすてきだね―ポスター、共同作品づくり作戦 … 58
12 「玉入れは楽しいね」
　　〜"人の動き"を描く運動会〜 ……………………………… 58
13 「運動会ポスター」
　　〜初めてのわくわく体験を描く〜 ………………………… 62
14 「コースターからクジャクを作ろう」
　　〜楽しい学校掲示板づくり〜 ……………………………… 66
15 「おそうじポスター」
　　〜清掃強化週間ポスターづくり〜 ………………………… 70

5 地域の人とのふれあい活動 ……………………………………… 74
16 「大収穫の絵手紙」
　　〜生活科・総合でお礼を描く〜 …………………………… 74
17 「かぼちゃ祭り」
　　〜学校フェスティバルの作品づくり〜 …………………… 78

6 体を動かすのが大好き―作品づくり作戦 …………………… 82
18 「プール大好き」
　　〜クレヨンと綿棒できれいな作品づくり〜 ……………… 82
19 「力いっぱい跳んだよ」
　　〜スポーツテストを描く〜 ………………………………… 86

20 「いもほりは楽しいね」
　　～生活科の体験を描く～ …………………………………………………… 90

7 こんな国語のお勉強をしたよ―読書感想画作品づくり作戦 …… 94
21 「花いっぱいになあれ」
　　～作品展にもぴったりの教科書教材～ ………………………………… 94
22 「さるかに合戦」
　　～昔話を楽しく描く～ …………………………………………………… 98

3学期 「3学期の題材」―モデル作品＆指導手順

8 紙をちぎって貼って楽しいね―ちぎり絵作品づくり作戦 ……… 104
23 「干支で今年の目標を表そう」
　　～ちぎり絵で伝統文化活動～ …………………………………………… 104
24 「おむすびころりん」
　　～学芸会で自分だけのペープサートづくり～ ………………………… 108

9 こんな動きもできるんだよ―版画作品づくり作戦 ……………… 112
25 「地域の名産品を食べたよ」
　　～色つき紙版画でつくろう～ …………………………………………… 112
26 「音楽会はドキドキだね」
　　～スチレン版画でつくろう～ …………………………………………… 116
27 「小学校へようこそ」
　　～新1年生に学校行事を版画で伝えよう～ …………………………… 120

10 みんな大好きすてきな体験―作品づくり作戦 …………………… 124
28 「夢の自転車に乗って」
　　～交通安全指導とリンクさせて～ ……………………………………… 124

29 「マイバースデー」
　〜すてきな創立記念日〜 ………………………………………………………128
30 「木の祭り」
　〜体験活動で学んだ自然を作品にしよう〜………………………………132

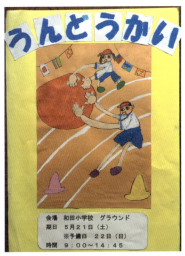

「1学期に描かせたいイベント」

　わくわくどきどきしながら迎えた入学式。担任の先生の満面の笑顔。「小学生になったんだ！」という1年生のふくらむ期待。また、2年生も新入生を迎えてお兄ちゃん、お姉ちゃんになった充足感。低学年の子どもたちにとって、1つ学年が上がることは、とても大きな意味を持ちます。そんなときに、先生の楽しい授業で、自分も周りもびっくりするようなうまい絵が描けたら、ますます子どもたちの自己肯定感が上がっていきます。

　そのような子どもたちの願いをかなえるために揃えたのが、この1学期の教材です。

　1年生は、「小学校に入ったらどんなお勉強をするのかな？」と期待で胸を膨らませています。学校探検、遠足、生活科の活動、それぞれ日本の季節や地域の風物詩と共に、学習が進められます。

　でも、低学年の子どもたちにとってまだ文章でそのときの思いを表現することはなかなか難しいです。

　こんなとき、「子どもたちが、たどたどしくても一生懸命描いた線で思いが表現できたら」という意図で実践を積み重ねてきました。

　新学期は何かと忙しくて、そして、まだ子どもたちの様子がつかめていなくて、行事に追われてしまうことがあります。

　行事とは、子どもたちの成長を促し、これを活用することによって、よりいっそうステップアップするためのものなのですが、行事に追われるとその効果が激減してしまいます。

　子どもたちが入学、進級した喜びを、さまざまな行事を通して体感し、それを絵で表現することで、ますます子どもたちの成長を促したいものです。

　1学期の入学式、進級、学校探検、生活科活動、絵画指導を通して子どもたちの良さを発見し、それを生かして学級経営に活用できるようにと願っています。

1学期

「1学期の題材」
―モデル作品&指導手順

1　学級開き―担任を大好きに！　作品づくり作戦　110分

1「先生の顔」

〜笑顔のすてきな先生を描いてますます学校を大好きに！〜

藤﨑　富実子

　４月。入学して間もない１年生が、先生を大好きに、図工を大好きになる活動が「先生の顔」を描くこと。参観日には、恥ずかしくてみんなの前では発表できない子どもも、「先生の顔」なら楽しんで描くことができる。保護者も、その姿を見て、安心することであろう。支援学級の子どもも交流学級で一緒に活動できる。どんな作品でも、先生にほめてもらえる。どの子の作品も先生に認めてもらえることで、子どもたちは、ますます、先生と自分のクラスが大好きになるだろう。（１年生作品）

◆ 準備物

・白画用紙（八つ切り）　・クレパス　・綿棒　・ティッシュペーパー

◆ 指導の手順

第１幕
鼻→口→目を描く（20分）

　「きょうは、先生の顔を書きます。前に受け持った６年生が書いてくれた先生の顔です」
　と言って、作品を見せた。「すごーい！」「じょうず〜」と感嘆の声が上がった。「そんなにうまく描けん」の声もあがる。「大丈夫。みんなは、クレパスで描くよ。

皆はよーく見て、よーく聞けるから大丈夫だよ」と言い、だまって、画用紙から鼻を出した。子どもたちはゲラゲラ笑っている。「何が見えた？」「鼻」鼻の穴に指を突っ込む。ティッシュを鼻息で飛ばす。子どもたちは笑いの渦。「この穴はとても大事。息を吸ったり、ごみをブロックしたりするよ」小鼻をひくひくさせて、「ここは、小鼻と言います。ここも忘れずに描くよ」「描いていい？」の声に、鼻を描く画用紙の場所を指で押さえさせ、確認し、「よーい、スタート！」とゆっくりかたつむりの線で、鼻を描かせた。どの子も「上手！」「いいねえ」とほめていった。これだけで1年生は、ハイテンション。(酒井式の基本1：顔の下書きは、こげ茶か緑、深緑)

「鼻の下には何がある？」「口！」「そうだ！正解!!」と言って、握り拳を口に入れる（入りません）。上唇、下唇を引っ張って、「両方描くよ」と言って、開けている口・閉じている口の両方を黒板に描く。どんな口にするかを自分で決めて描かせた。

「今度は、目を描くよ」と指先をゆっくり動かして、目玉をあちこちに動かして見せた。ここまで描くと、それぞれの絵が個性的になってくる。どの子も「大きな目」「かわいいなあ」「これ、うれしい」と言いながらほめる。まつ毛も描いている子をほめながら、全員に描かせた。

「目に汗やごみが入らないように目の上にあるものは？」「眉毛！」「自分の眉毛をさわってみよう」と

言って、毛の生えている方向を確認させた。「毛が生えているように1本1本描こう」と、丁寧に描いていることをほめて、眉毛も完成。子どもたちは、にこにこしていた。

第2幕
あご→輪郭→耳→髪の毛を描く（20分）

次に、あご→輪郭→耳の順に描く。あごの線を描いたら、「ほっぺたは、ぽちゃ

ぽちゃでーす。少しずつ上に行って目の横あたりまで描きます。反対側も、ゆっくりぽちゃぽちゃでーす」と言いながら、輪郭を描かせた。「耳が見えるかな。ここは？」「耳たぶ」「ここは？」「耳の穴」「そう、耳たぶも耳の穴も忘れないで描くよ。描きはじめは、目の横あたりから、鼻の長さと同じくらい」ということも見せて、描かせた。「耳の穴が描けているね」とほめながら終了。

「さあ、次は髪の毛。先生が髪の毛をくくっているのと、たらしているのとどっちがいい？」と聞くと、たらしている方が多い。髪をほどいて、前髪から「ここから分かれて、チョローン」「上の方は、ふっくら」と言いながら、1本1本描くようにさせた。

第3幕
顔をぬる（40分）

まず、鼻から色をぬる。子どもたちを教卓の前に集め、「クレパスの線を踏まないように色をつけるよ。薄橙で丁寧にね」と指示をした後にぬらせた。（酒井式の基本2：顔は黄土色がベース）

2、3人くらいの子がぬったところで、女の子、男の子の順に集めて、ほっぺの色付けを教えた。「ほっぺは、少し赤いので、先生は、まず、朱色を薄くまあるくぬります。その上から、白でしっかりぬります。すると〜」「わあ、きれいになった」「白いクレパスに朱色がついたので、ティッシュでお掃除するよ」と、掃除の仕方も教えた。ピカピカ！と驚いていた。（酒井式の基本3：ほっぺたは、橙色がベース）

ほっぺをぬり終えた子が出たら、次の指示を出す。教卓の周りに集めて全体をぬることを教える。「線を踏まないように気をつけて、丁寧にぬるよ。目の周りは、特に気をつけてね」子どもたちは、一生懸命ぬり始めた。根気がいるところなので、机間巡視しながら、「上手‼」「丁寧だね」「集中力があるなあ」などと言いながら、励まし続けた。（酒井式の基本４：輪郭線からぬらない）

第４幕
唇、髪の毛、目をぬる
（30分）

最後の仕上げ。唇を赤系統の色と白を混ぜて仕上げる。髪の毛は、黒っぽい色で１本１本描く。最後に、目の黒を入れる。子どもたちは、どの子も満足した様子で、「できたよ」「周りに模様を描いてもいい？」など、先生大好き！という気持ちが表れ、自分の絵を大切にする姿が見られた。

1　学級開き―担任を大好きに！　作品づくり作戦　120分

2 「綿毛を空にとばしたよ」
～新学期の目標を描こう～

筒井　隆代

　新学期。すぐに最初の授業参観がある。教室掲示は何にしたらいいだろう。大きな作品に取り組む時間はない。自己紹介カードじゃ味気ない……と毎年悩んでいる先生も多いのではないだろうか。

　この時期にお薦めなのが「タンポポの目標」である。綿毛を吹いている構図が、「新しい学年だ！よし頑張ろう！」という子どもたちの気持ちにぴったり

である。短時間でできる点もお薦めだ。（2年生作品）

◆ 準備物
・空色の画用紙（四つ切りを三等分したもの。一人一枚）
・B5のコピー用紙　・白の絵の具　・クレヨン　・綿棒　・油性ペン
・ポスターカラーマーカー　・面相筆　・はさみ　・糊

◆ 指導の手順

第1幕
綿毛を吹いている自分を描く（45分）

　「今から今年の目標を書きます。でも、2年生になったから、1年生の時とは違うよ。こんなのを描くよ」と言って見本の目標を見せる。子どもたちは、「あ、タ

ンポポや」「綿毛吹いたことある！」と大喜びだった。ここで、綿毛を持ち込んで、教室で吹いて見せるともっと盛り上がる。

　たいていの子はタンポポの綿毛を吹いて遊んだ経験があると思うが、もし、一度もしたことがないという子がいたら、ぜひ一度遊ばせてから取り組んでほしい。

　「まず、綿毛を吹いている自分を描きます」「綿毛を吹くとき、どうする？」と言って、教師が下を向いて吹こうとすると「違うよ！　こうするんだよ！」と上を向いて吹く真似をしてくれる。「そうだね。上を向いて吹いている自分を描きましょう」と言って、黒板に例示しながら上を向いている顔の描き方を教えていく。

　紙はＢ５のコピー用紙を半分に折ったものを使う。初めて酒井式で顔を描く場合は、一度練習してから本番に臨むといい。

　上向きの描き方は以下の通りである。

顔の輪郭　→　鼻→　ふーっと吹いている口
→　目　→　耳　→　髪の毛

　大きい紙に顔を描かせる場合は鼻から描くが、用紙が小さい場合は、顔の輪郭を先に描いておくと描きやすい。顔が小さくならないように、最初は鉛筆で薄く丸を描いて先生がチェックする。顔の丸が小さすぎる子は先生が大きく描いてあげればよい。

　描けたらクレヨンで色をぬる。黄土色を基本に朱色や黄色、オレンジ色を重ねて表情を出していく。

　ある程度ぬれたら、綿棒を使う。

　綿棒でくるくる伸ばすと、クレヨンが伸びて、絵の具でぬったような美しさになる。子どもたちを集めてやって見せると「すごい。とってもきれいになった！」「早くやりたい！」と歓声が上がる。コツは綿棒を寝かせて使うことである。立てて使うと筋が残ってしまうので、それも実演してやると子どもたちはすぐに理解する。

綿棒で伸ばすとこんなにきれいに！

第2幕
顔を貼りタンポポの綿毛を描く（45分）

まず、前時で描いた顔をはさみで切り取る。

はさみの使い方は1年生から繰り返し教えているので、「ちょきんちょきんは散髪屋さん。紙切り名人は？」というと、「くるくる紙を回しながら、ちょちょちょと切る！」と元気な声が返ってくる。初めに大まかに切っておいて、あとで細かいところを切るということも大事な指導のポイントだ。

切り取った顔を画用紙の下のほうに置き、「どこに綿毛を描いたらいいかな」と子どもに尋ねる。「ふーっと吹いているから口の上のほうだよ」と答えてくれる。タンポポの位置を決め、その場所に鉛筆でうすく丸を描く。あとで上に舞い上がる綿毛と目標を描くので、タンポポの位置は下のほうにする。位置が決まったら、顔に丁寧に糊をつけて貼り付ける。

次は綿毛を描く。焦げ茶色のクレヨンで、鉛筆で描いた丸の真ん中に「ぎゅぎゅぎゅ」と言いながら描いて見せる。「これなんだ？」と尋ねると「タンポポの種！見たことあるよ」と元気よく答えてくれる。「そうだね。綿毛の中に種があるね。6個くらいぎゅっと真ん中に集めて描きましょう」

種が描けたら次は綿毛である。綿毛は、鉛筆で描いた線の上をなぞるように描いていく。低学年は筆圧が弱いので、薄くならないように「鉛筆の線の上をぎゅ、ぎゅと描いていきましょう」と言うといい。あとは、その中を同じように一本一本描いていく。

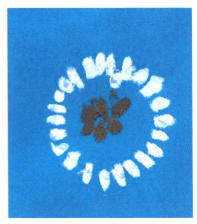

次頁の絵の左の綿毛はクレヨンで描いたものである。上は綿棒を使って絵の具で綿毛を描いている。白が鮮やかなのは絵の具だ。もちろん、筆を使って描いてもよい。子どもに合わせてクレヨンか絵の具かを決めるとよい。

　次にとんでいる綿毛を描く。風の流れを意識して、「ふーっと吹いた綿毛はこんな風に飛んでいきます」と言いながら黒板に綿毛の流れを例示する。鉛筆で薄く風の道を描かせてからやるとよい。

　とんでいる綿毛は、①軸を白で描く　②綿毛を3～4本描く　③焦げ茶色で種を描く、の順番で簡単に描ける。大きさや向きがばらばらになるように意識させる。

第3幕
目標を描く（30分）

　目標は、○年生になってがんばりたいこと、できるようになりたいことをしっかり考えさせて書かせたい。

　何も言わないと、「勉強をがんばる」「体育をがんばる」といった同じような目標が並んでしまうので、「本を100冊読む」とか「二重とび30回」などのように、具体的な数字を入れさせると子どもたちそれぞれの個性が現れた目標になる。

　目標は、絵の具や油性ペンで書いてもよいが、お薦めはポスターカラーマーカーである。低学年でも扱いやすいし、色が鮮やかなので空色の画用紙に目標がよく映える。

　実際に目標を書かせると、画面に対して文字が小さくなってしまう子が多い。そこで「一文字の大きさはこれくらいだよ」と、先生が最初の一文字だけ書いてあげたり、薄く丸を付けてあげたりするなどして必ずチェックしてやるとよい。不安な子は、鉛筆で下書きをさせてから書かせる。鉛筆で書いた文字はほとんど見えないので、最後に消しゴムで消す必要もない。

　画面が寂しければ、目標を書いた後で、綿毛を描き足すと華やかな作品に仕上がる。4月の参観までに、掲示しておくと、保護者からも大好評である。

1 学級開き―担任を大好きに！ 作品づくり作戦　　3時間

3 「紙皿の絵を使って」
～学級掲示にこいのぼり～

谷岡　聡美

　5月といえば、学級参観があり掲示物が気になる時期である。そんな時期に子どもたちに無理なく短時間で、彩色の技術も身につけさせながら掲示物を作ることができる方法がある。
・お皿に見立てた円形の紙を配り、オリジナルの花模様をクレパスで描く。
・ぼかしの技術を使って彩色する。
・それぞれの皿を掲示し鑑賞する。
・全員の皿を組み合わせてうろこに見立て、こいのぼりを作る。
　それぞれがぼかしの技術が身につけられるのみでなく、それぞれの皿を組み合わせて大きな掲示物ともなる応用のきく作品である。

◆ 準備物
・楕円形に切った画用紙
　（縦15cm　横20cm　程度）
・絵の具
・クレパス
・はさみ　・綿棒

◆ 指導の手順

第1幕
紙皿の花を描く（45分）

　作品見本を見せ、「今日は、みんなにもきれいなお皿を作ってもらいます」と言う。子どもたちは、作品見本を見て、「きれい！」「描きたい！」と言う子もいるが、「難しそう」「花を描くのが苦手……」などとつぶやく子もいる。
　円形の紙をはさみで切り取り、目の前にお皿を置いて準備完了。
　まず、好きな色2色でお皿の枠をとる。「黒や茶色は使わずに、できるだけ、きれいな色で枠を描きます。まず、クレパス2本を決めなさい」と指示。子どもたちは、クレパス2本を手にとり、並べて「どれにしようかな？」と楽しそうである。

　だいたいの子が決め終えたら、「決めた色を先生に見せます。上にあげて見せてみて」と指示。喜んで見せる子どもたちだった。
　続いて、線描。教師が「まっすぐの線でもグネグネの線でもいいよ。ただし、真ん中は模様を描くので、大きめに空けておきましょう」と指示。1本目の色を決めさせ、「かたつむりがスタートします。用意、スタート」と線を引かせる。2本目も同様に行う。
　続いてお楽しみの模様描き。枠線で使ったどちらかの色を使い、花を描くことを告げる。
　子どもたちの中には、花を描いたことがない子もいるので、いろいろなパターンの花を教師が例示する。「まず、芯を描いて、花びらを1、2、3、4枚と描きます」「次は花びら5枚」「花びらの形は、丸いのもあるし、とんがっているのもあるよね」とさまざまな描き方を黒板を使って描いて見せ、一つ描かせる。全員が一つ描いたら「同じ形の花をいくつか描きます」と指示。花と花は重なってもいいが、できるだけ間を開けてゆったり描かせるよう注意する。

全体が見えている花だけでなく、花びらだけ見えている花、半分見えている花も描くパターンもあることを教える。

次に、お皿の花の芯をぬらせる。芯も、花と同様、茶色や黒は避けるよう指示する。早くぬれた子どもには、それを綿棒で

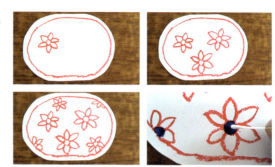

きれいに伸ばしておくようにすると時間差を埋めることができる。

第2幕
紙皿を彩色する（45分）

次に、「お皿に色をつけます」と言う。「まず、何色でぬるか決めます」「茶色や黄土色ではない、きれいな色を選びます」これも、クレパスの時と同じように決定した色を上げさせ、確認する。

続いて、ぬり方の説明をする。「見てごらん。花の周りが濃くて、そこから、ふわっと薄くなっているよね。こういうのをぼかしって言います。さんはい」「ぼかし」子どもたちに言わせて、今から行うことを認識させる。

「それでは、先生が、実際に描いてみます。教室の○号車と○号車の人は、先生の周りに集まりなさい」と教室の半数の子どもたちを呼び寄せ、実際にして見せる。

まず、花の周りをだぼだぼの水で縁取る。その水が乾かないうちに、絵の具で花を縁取る。少し、花の周りに白が残るくらいがよいことも伝える。一つの花ができたら、隣の花へとどんどん続けてぼかしていく。

半数の子どもに見せた後、残り半分の子どもを呼び寄せて見せる。このような、最初に習う技術や難しいと感じる点に関しては、教師の近くに呼び寄せ、見せるの

が有効である。

「早くできた子は、2枚目を作ってもいいよ」というと、子どもたちは大喜び。一度、描き方を覚えると、簡単にできる作品なので、子どもたちは工夫を凝らし、次々と作っていく。でき次第後ろに掲示していく。子どもたちは、「あ〜きれい！」「私もあんなの作ろう！」とより意欲が出てくるのだ。

第3幕
こいのぼりを作る（45分）

　オリジナルの皿を掲示して、数日たったら、これを使って、こいのぼりを作ることを話す。4人の班で紙皿をテープで貼ってつなげるよう指示する。

　たくさん作っている子は、他の班の子どもと合わせて、4枚組にするように言う。なるべく、違う色どうしでつなぐとよいことも併せて伝える。

　「4枚組になったら先生のところに持ってきます」と言い、持ってこさせる。それを教師が、重ねて貼っていく。

　ちょうど4枚組にならなかった皿や教師の見本作品を使って尾を作る。

　最後に、教師が用意しておいた、顔と尾を貼って出来上がり。「みんなのお皿が、こんなにきれいなこいのぼりになりました！」というと、「わー！」という歓声やぱちぱちと手をたたく音が教室に響いた。

　参観の際には、皿の段階で掲示していた写真を横に貼っておいたり、「みんなのお皿がこいのぼりになったよ！」と題字を作っておくと、保護者にもそれぞれの皿を子どもたちが作ったことが分かるのだ。

1 学級開き—担任を大好きに！ 作品づくり作戦

4 「自分の顔を描いて、見つけたこと紹介」
〜学校探検を楽しく〜

2時間

小林　俊也

　1年生の学校探検。探検を終えてから、見て回った教室や施設を紹介する作品を作る。

・教室や施設の写真を使う。

・コピー用紙に自分の顔を描き、教室や施設に対するコメントと一緒に貼り付ける。

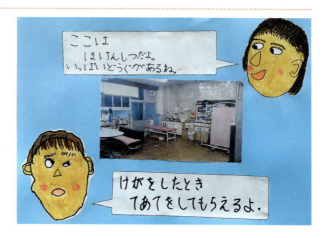

　写真を使うことで、子どもたちは自分の絵を描くことに集中できる。また、自分の絵や吹き出しなどは色画用紙に貼り付けるだけなので、子どもたちは安心して取り組むことができる。（1年生作品）

◆ 準備物
・色画用紙（ピンク、水色、黄色、薄紫、黄緑、薄橙など八つ切り大）
・コピー用紙（A5サイズ）　・クレパス　・油性ペン　・綿棒
・はさみ　・糊　・教室や施設の写真
・吹き出しを印刷したコピー用紙

◆ 指導手順

第1幕
自分の顔を描く（45分）

　まず、次ページのような参考作品を提示し、自分の顔を描くことを告げる。参考

1学期 「1学期の題材」―モデル作品＆指導手順

作品を見せた段階で、子どもたちからは「わーっ」という声があがった。早く描きたいという気持ちが伝わってくる。

ここで、A5大のコピー用紙（A4サイズを半分に切ったもの）を子どもたちに配布し、二つ折りにさせる。その大きさに、自分の顔を描くことを伝える。

顔は、輪郭→鼻→口→目→眉→耳→髪という順番で描かせる。下書きには油性ペンを使用させた。

鼻を描く段階では、左の画像のように板書し、鼻を描く位置で顔の向きが変わることを指導した。どちらをむい

ているのかを指さしさせることで確認していく。

なお、「くろめは　あとで」と板書し、黒目の部分はこの段階では描かず、最後に描くように指示した。

下書きを終えたら、着色の指導に入る。ここでは、子どもたちを教師の周りに集め、実際にやってみせた。

肌の色には黄土色を使う。子どもたちが一番興味を示したのが綿棒を使う場面。教師が仕上げた絵を見せた瞬間、子どもたちからは歓声が上がった。

この後、子どもたちの活動に入る。教師はほめていくとともに、うまくぬることが難しい子どものサポートをする。中には、白目の部分まで黄土色でぬってしまい「失敗しました」と言ってくる子もいたが、「大丈夫だよ」と言って安心させる。修正液を使えばきれいに修正できるので、何も問題はない。

着色を終えたら、顔の完成となる。

これをはさみで切り取って、第1幕の終了となる。切り取る際には、少し白い部分を残しながら切るように指示をした。

第2幕
写真や顔、吹き出しを貼り付けて完成させる（45分）

　学校探検では、2人1組になって行動した。そこで、ここからの活動は、その時の2人組で取り組んでいく。次のように進めた。

① 　紹介したい教室や施設を選ぶ。
② 　台紙として使用する色画用紙の色を選ぶ。
③ 　色画用紙の真ん中に、選んだ教室や施設の写真を貼り付ける。
④ 　顔を貼る位置を決めて、貼り付ける。（2人の顔が必ず上下になるようにする。横並びにはしない）
⑤ 　吹き出しを切り取る。（少し白い部分を残しながら）
⑥ 　吹き出しになんと書くのかを2人で相談して決める。
⑦ 　ペンで吹き出しに言葉を書いて貼り付ける。

　中には、吹き出しの向きを逆にしてしまう子も出てくる。本当なら、吹き出しの三角の部分が右を向いていなければならないのに、左を向いているように言葉を描いてしまうというような場合である。このような時は、「大丈夫だよ」と言いながら、三角の部分を切り取り、反対に貼り付ければよい。

　最後に黒目を描き入れる。描く前に、右のように板書し、黒目の位置により、どちらを

見ていることになるのかを確認した後で描かせた。

　これで完成となる。できあがった子どもたちに「おめでとう」というと、とてもうれしそうな顔をしていた。

　最後に、全作品を黒板に掲示した。子どもたちからは、「やったー」と歓声が上がった。

2　動物や植物と触れ合う―作品づくり作戦　　7〜9時間

5「学校探検、動物大好き」

〜動物と触れ合って観察する目を養う〜

吉岡　繁

　1年生にとって、学校は魅力的な場所である。初めて入る教室、初めて行く場所、初めて触れるもの。何でも新鮮に目に映る。また学校では、さまざまな動物を飼っていて、それらと出会うこともあろう。子どもたちは動物が大好きである。

　低学年では、生活科で動物に触れる、動物のお世話をする機会がある。その生き物を触った驚きや喜びなどの素直な感動を、ぜひ絵で描いて残すといい。学校生活が一段と楽しくなる。（1年生作品）

◆ 準備物
・色画用紙（縦40cm横27cm程度　クリーム系）　・絵の具
・クレヨン（茶かこげ茶）

◆ 指導手順

第1幕
ウサギを描く（45分）

　最初に描くのはウサギである。その時に、「ウサギを抱いたよね。かわいかったね。あの『ふわふわっ』とした感じで描きます」と説明する。
　茶色かこげ茶色のクレヨンで描く。ウサギを上の方に描いてしまうと人の顔が描けなくなる。ウサギの顔が下の方になるよう、最初に描く鼻の場所を特に念入りに、全員確認する。

ウサギの鼻→口→目→輪郭→耳→ひげ、の順で描いていく。一つ一つ描く場所や描き方を教えていく。その時、「耳はピンとしていたかな。片方曲がっていたかな。それとも両方曲がっていたかな」と、描きながら示してあげる。そうすることで、どうやって描いたらいいのか、特に絵を苦手にしている子どもたちの不安を取り除くことができる。また、これから植物やさまざまなものを観察する時にも、形をしっかり見ようとする動機付けにもなる。

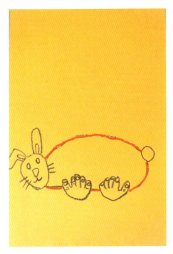

体はまず、顔と離れたところにしっぽを描く。「どんなしっぽだったかな？」と問いかけると、「まん丸だったよ」「小さかったよ」「ふわふわだったね」と、見たことや体験したことを楽しそうに話してくれた。描く時にも「ふわふわ～」とつぶやいていた。

次は胴体。胴体はまず鉛筆でつなぐ。左写真の赤線の部分である。

胴体の下側に、自分の手を描いてから、体の線をクレヨンでなぞる。こうすることで、ウサギを抱いている自分の手が、無理なく描くことができる。

最後に足を描いて、ウサギの線描は完成。

第2幕
ウサギを彩色する（45分×2）

ウサギを彩色する。色は、①白　②白に赤を少し混ぜたもの　③白に青を少し混ぜたもの、の3色を準備する。③は抱いたウサギには黒いぶちがあったのでそうした。黒は強い色なので、使わせない。

彩色は、次の点に気をつける。

まずは、全て同じ色だけをぬるのではなく、3色をぬり分けること。その時注意したいのが、②の赤っぽい白は、耳の中や体の一部などに、アクセント程度に使うとよいことを教える。

次に、何度も同じところを重ねぬりしないこと。水彩絵の具の鮮やかさが失われてしまうからである。
　これを、実際に子どもたちを集めて、やって見せることが大事である。

第3幕
自分を描く（45分×2）

　いよいよ自分を描く。これは定番の顔の描き方で行う。
　鼻の穴→鼻→口→目→眉毛→あご→輪郭→耳→髪の毛、の順で描いていく。
　もちろん、描き方を示しながら描かせるのだが、そこは1年生。「先生、目が描けません…」という初めてのパターンも経験した。クレヨンを一緒に持ってあげて、鼻の頭の横あたりを示し、「このへんに描くんだよ」と言いながら一緒に描いた。
　顔が描けたら体を描き、手とつなぐ。この絵はウサギの体の向こうに手がある。そのため、つなぎの難易度としてはややレベルが高い。そこで次のように例示する。

　「ウサギの向こう側に手があるね。ここまで来たらピョーンっていけば（左写真参照。ウサギのところの赤い線）、ほら、ウサギを抱いているよ」と描き方の見本を見せる。つなぎができたら、服の描き方を教えてあげる。特に、半袖の袖口の描き方は教えてあげると、次からきちんと描けるようになる。

第4幕
自分を彩色する（90分〜180分）

　自分を彩色する。こちらも顔の彩色の定番で行う。
　①黄土＋白　②黄土＋白＋黄　③黄土＋白＋赤、の3色を使ってぬる。学年の発達段階によっては、教師が色をあらかじめ作っておくことも必要になる。
　彩色の仕方はウサギと同様。必ず子どもを集めて、実際にやり方を見せてから自分でぬらせる。
　「ほっぺたは、ま〜るいよ、ま〜るいよ」と言いながら、場所によって色を変えぬり分けることや、できるだけ線をふまないで彩色すること、一発で彩色するところを見せる。
　そばで見ている子が「先生、上手〜！」と声をかけてくれる。「ありがとう。みんなもきっと上手にできるよ」と声をかけると、勇んで自分の机に向かい、熱心に作業に取り組んでいた。
　髪の毛や眉毛は、藍色に茶色やこげ茶を混ぜた色で彩色する。描いてある髪の線の間を一本一本丁寧にぬるようにさせる。
　最後に服を彩色して完成である。

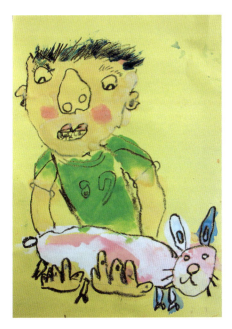

◆ 昆虫の観察にて

　本実践は学校の校内探検ではなく、社会見学で行ったミニ動物園で抱いたウサギを絵にしたものである。ちょうど絵が完成した頃、生活科で虫を育てることになった。
　バッタやコオロギを捕まえてきて、学級で観察をする。虫を触れない子もまじまじと飼育ケースを覗き観察しながら、「あっ、頭から触角が出ている！」「硬そうだね」と、楽しそうに話をしていた。

2 動物や植物と触れ合う―作品づくり作戦　　6時間

6「イルカショー」

～切り貼り法で動きが出せるイルカが楽しい～

前田　晶子

　子どもたちは生き物が大好きだ。昆虫、魚、特にイルカやクジラは大好き。幼稚園の遠足で水族館に行った子どもや、休みの日に連れて行ってもらった子ども、まだイルカを一度も見たことのない子どももイルカショーを描くのに夢中になる。それは、自分の描いたイルカを自由に水面からジャンプさせることができるからだ。縦ジャンプにするか、横ジャンプにするか、イルカを画用紙の上で動かして試行錯誤するのが楽しい。（2年生作品）

◆ 準備物

・ケント紙　・クレパス　・油性ペン
・水彩絵の具セット　・綿棒　・はさみ
・A4コピー用紙　・鉛筆　・イルカショーの写真　・ふえき糊

◆ 指導の手順

第1幕
水面をたらし込で表現する（45分）

　見本のたらしこみに「わおー」と歓声が上がる。「きれい、はやくやりたいな」意欲は満々。しかし、子どもがたらしこみをしようとすると、よくする失敗がある。筆で水をぬるだけでは、画用紙がすぐに乾いてしまうのだ。そこで、大胆にコップの水をジャーと画用紙の上にたらしてから、大筆にたっぷりの黄色、緑、青の順にぽんぽんぽんと色を置いていく。色と色の間があいても大丈夫。色がゆっくりと広

がって混じり合う。最後に薄い赤をスパイスとして入れる。大事なことは、そっと置いた絵の具をいじくり回さないということだ。そのまま乾燥するのを待つ。

第2幕
イルカをクレパスで描く（60分）

　Ａ４コピー用紙か画用紙にイルカを描く。頭を描いてから、離れたところにしっぽを描く。頭としっぽを体の丸みをつけてゆっくりつないでいく。いきなり描かせるのが不安な場合は、酒井式レッスンシートがお薦めだ。あたまとしっぽをつなぐときに脳みそを使う。子どもたちはイルカを慎重に描く。運動会の練習の後の騒々しい雰囲気は、酒井式で集中して描くことによって落ち着いた状態にもどっていく。

　イルカの色は、腹のあたりは薄橙で、体、頭、尻尾を紫で描く。その上に黒を着色する。紫と黒以外にも青と黒、緑と黒などを使うとよい。2頭目は同じ色のイルカでも、色を変えたイルカでもどちらでもいい。紫と黒が混じり合うように綿棒を上から持ち、くるくる回しながら混ぜていく。「くるくる、くるくる」といいながら、色が混じり合っていくのがおもしろく、集中して彩色した。「イルカは、大きいイルカと小さいイルカがいるね」とイルカの大小や顔の向きが同じにならないよ

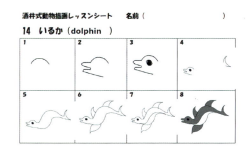
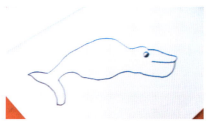

うに指示した。「細いイルカになった！」「かっこいいイルカができたよ」「お母さんイルカと子どもイルカ」など、口々に言いながら、互いのイルカを見せ合いながら喜んでいた。

第3幕
イルカを切り抜いて位置を決める（45分）

イルカを切り抜くコツは、まずイルカの紙の周りを大きくざくざく切り抜くことだ。そうすると、紙が回し易く、細かいところを慎重に切ることができる。3匹切ったところで、画用紙の上にイルカを並ばせてみる。「ボールにジャンプするところがいいな」「並んで輪をくぐっているところがしたい」「おいかけっこしてるよ」と言いながら、いろいろ並べている。この並べるのが、たいへん楽しくて、いろいろ試しながら場所を決めていった。場所が決まったら、頭と尾びれのあたりを鉛筆で薄く描いて印を入れておく。そうしないと貼るときにイルカがずれてしまう。

第4幕
糊で貼る、ボールを描く（30分）

糊をぬるときにはみ出しても大丈夫なように紙を下に敷いて糊をつける。正しい位置に置いた後は、きれいな紙を置いて上からしっかり押さえる。

第5幕
ショーを見ている自分や友達、家族を描く（60分）

　画用紙の下部あたりに、イルカショーを見ている自分を貼る場所をだいたい決める。それから、コピー用紙に人物を描き、綿棒を使って細かいところまで着色する。イルカショーを見ているので、逆さ顔や、横向きの顔を教える。描く順序は、1番初めに自分を描き、次に仲の良い友達の○○君やお兄ちゃん、お姉ちゃんという風に固有名詞を必ず決める。イルカ同様、一人ひとり切って、画用紙のだいたいの場所に並べ、場所の検討を行う。

第6幕
海面の色調を整える、水しぶきを描く（30分）

　人物を貼ったら、柵を描いたり、ボールの模様を描いたりする。最後に、海面の色の調整を行う。たらしこみが薄かったので、ところどころに青や黄色の薄い色を重ねた。波しぶきや飛んだ時の滴など、「じゃぶーん」「どっかーん」など口に出しながら、クレパスの青や水色を付け加えた。イルカショーを見た子どもも見に行けなかった子どもも、集中して取り組めた。お互いの作品を酒井式鑑賞で行った。どの子も必ずいいところをみんなに言ってもらえ、またお互いの頑張りを認めあいニコニコ顔のクラスだった。

2 動物や植物と触れ合う―作品づくり作戦　　5〜6時間

7「ザリガニを釣ったよ」

〜クレヨンと絵の具で楽しく表現！　生活科〜

三浦　容子

　生活科でザリガニを釣りにいき、教室で飼う学校は多い。子どもたちは自分のザリガニを大切にして毎日触れ合う。ザリガニと出会い捕らえた喜びを表現させたい。でもすばしっこいザリガニを釣りあげることが難しい子もいる。そこで「ザリガニを釣り上げた時の作文」を想像した部分も足して書かせる。（酒井式描画のシナリオ2年　稲葉妙子氏追試）

　ザリガニはハサミに一番の特徴がある。そこで力いっぱいにハサミを大きく描かせる。その後、人間の描き方と同じように、尾を描いてから胴体をつなげていく。（2年生作品）

◆ 準備物

・白画用紙（四つ切りから八つ切り）　・クレヨン　・絵の具
・油性ペン　・コピー用紙　・綿棒　・新聞紙　・固形糊

◆ 指導手順

第1幕
ザリガニを描く（45分）

　ザリガニは、ハサミが特徴である。初めてザリガニを描く子どもたちに、じっくりとハサミを観察させた。「大きく開いているね」「おどろいているみたい」「右と左の大きさが違うね」などと気がついたことを言葉にしていた。

ザリガニの輪郭は、クレヨンのこげ茶色、茶色、黒色から選ばせる。

まず、画用紙にザリガニのハサミを一つ描く。なるべく大きく描くように伝えた。「じょうず」「迫力があるね」「動いているみたい」と一人ずつほめていく。子どもたちに自信と意欲をもたせるのである。

次にもう一つのハサミを描く。大きさがちがったことや動きを変えてもいいことを確認し、場所を決めさせ、指で置かせてから描かせた。そうしないと左右対称となり、動きが生まれない。

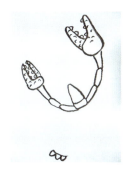

「人はどこから描くのでしたか」「顔です」「ザリガニさんも顔を描こうね」「ザリガニの顔は△だね」三角というキーワードを使うと、どの子も抵抗なく描くことができた。「人は次にどこを描きますか」「手です」「ザリガニさんに手はないね」「ハサミが手の代わりだね」体の上部を少しだけ描いて胴部とハサミをつなげる。「人と同じに描くんだね」子どもたちは人と同じ描き方だと分かると、安心して進めていた。ハサミと胴部をつなげるときは、人とは違って、3カ所くらいに殻を分けてつなげるとよいことを教えた。「次はどこを描きますか」「足です」「ザリガニに足はないね」「尾（しっぽ）が足の代わりだよ」尾も足と同じように、体から離して、水平垂直とならないように描かせた。3〜5枚ほどの尾の殻（尾扇）を描かせ、胴部と尾扇部分をつなげた。殻を一つずつ描かせて丁寧につなげていった。

それからひげやちいさな足、殻の突起部分などを描いて仕上げた。また複数描く場合は、重なりを意識して描かせると、遠近感の学習へとつながっていく。

第2幕
ザリガニを絵の具でぬる（45分）

次に、彩色を絵の具で行った。「赤を3つ作りなさい」似ている赤色を3色以上作って、3本の筆でぬっていった。「まず、顔だけぬりましょう」大きさは、500円玉より大きくぬらないこと、完全に乾かないうちに次の色を隣にぬっていくように教えた。Aくんは、赤、赤＋オレンジ色、赤＋茶色の3色を作ってぬっていった。

子どもたちは、赤だけにこだわらずに、青を主体にした子、赤に紫を混ぜて取り組んだ子などそれぞれに工夫し

ていた。ただ、似ている色を作ることは低学年にとっては難しい。教師の方で色の確認を行った方がよいと思われる。

第3幕
周りを描く（45分）

子どもに3つの方法から選ばせた。①ティッシュを丸めてタンポを作りスタンピングをする。②刷毛で薄くぬる。③クレヨンを使って伸ばし絵をする。

①と②では、大量の水で絵の具をといて、ジュースくらいの濃さにする。教師が色を作り深めの皿に入れて子どもがそれを使えるようにする方が子どもは取り組みやすい。

①では、ティッシュをきつめに丸めないと広がってしまいきれいな丸になりにくい。練習をしてから、本番の画用紙にさせていた。また、やりすぎないように「5個スタンプします」と数を限定して取り組ませた。

②はザリガニに刷毛の色がにじまないように、周りをクレヨンで縁取りした。クレヨンの色は、白か水色か黄色と限定した。また、ぬるところは、新聞紙→画用紙→ザリガニはぬらない→画用紙→新聞紙と教え、画用紙の上から出発しないように教えた。

③の伸ばし絵は、型をずらさないようにしっかりと押さえることを教えた。丸の

形や魚、風船の型を作っていた。教師がいくつか型を準備してあげてもよい。

第4幕
自分を描いて仕上げる。(45分×2)

「ザリガニを釣っている自分を描いてみよう」
コピー用紙に、ザリガニを釣っている自分を描かせた。サインペンで輪郭を描き、クレヨンで彩色し綿棒で伸ばした。竿をもったり、ひっぱったりしている自分を描いた。それを切り取り、画用紙に貼る。線から白い余白を少し残して切ると、線が残って迫力が出てくる。

切った後で、どこに貼るかをいろいろ試してみる。決まったらしっかり糊で貼らせる。友達を描いてもいい。

仕上げに、釣り竿の糸を描き込んだり周りを描いたりした。すてきな作品がしあがった。

2 動物や植物と触れ合う―作品づくり作戦　　6時間

8 「牛と遊んだよ」
～校外学習でドキドキ体験を描く～

神野　裕美

場面を設定する。

　4月、新しいクラスになって初めての遠足。バスで動物園へ行った。シマウマ、キリン、カンガルー、牛……、たくさんの動物を見学して1日楽しく過ごした。

　酒井式描画指導法では、「自由に描きなさい」とは言わない。その絵を通してどんな力を身につけさせたいのか、ねらいを明確にした指導をおこなう。図工は「教科」である。お絵かきの時間ではない。

　絵の場面として選んだのは、「牛の乳しぼり」である。動物園の体験コーナーで、全員が牛に触ることができた。「大きい～」とびっくりする子、怖がって側に行けない子、どの子にも強烈な思い出となっていた。大きな牛を、画用紙いっぱいダイナミックに描かせたいと考えた。

◆ 準備物

- 四つ切り画用紙（白、薄紫、薄緑、薄青、ベージュ）
- 八つ切り画用紙（白）　・クレヨン　・絵の具　・黒色油性サインペン
- はさみ　・糊　　・アクリル白色絵の具　・コピー用紙（Ｂ４）

第1幕
牛を描く（45分）

　「まず、牛を描くよ」と言うと、「先生、描けません」と不安そうな顔をする子どもたち。「大丈夫。先生が描き方を教えるからね。お話をよーく聞いて描いてくださいね。勝手に描くお絵かきの時間ではありませんよ」

　今の時間は自由にお絵かきをするのではなく、しっかり先生の話を聞くことが大切なのだと教えた。4月は学習規律を教える大事な時期である。酒井式ならば、図工を通して学級経営をすることができる。

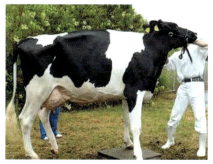

　牛の描き方は、人物の描き方と同じである。顔→胴体→足の順番で描く。
　牛はこげ茶のクレヨンで描いた。
　「牛さんの顔の形を描きます。まん丸ではなく、少し四角っぽく描きます。ちょっと傾けて描くと、牛さんがお話ししているみたいになりますよ」

牛の顔の大きさ
「自分の握りこぶしより大きく描きなさい」と指示すると、ほとんどの子が大きく描くことができた。

「胴体を長方形で描きます。大きなステーキみたいな形」イメージしやすい言葉で説明すると、楽しく描くことができる。

　「線はゆっくりゆっくり、かたつむりが動くようにゆっくり描くんですよ」どの子も慎重にクレヨンで線を描いていった。「うまい！　ゆっくり描いてる」「大きなステーキ！　いいねぇ」一生懸命描いている子をほめて自信をもたせた。四つ切りサイズの画用紙は低学年の子どもにとっては扱いにくい。ほとんどの子は小さく描いてしまう。自信がないからである。また空間認知能力がまだ十分に発達していない場合は、「大きく」と言われてもどれくらい大きく描いてよいのかわからない。本番の画用紙に描く前に、八つ切りの画用紙で練習をさせることで「自分にも描ける」と自信をもたせることができた。

第２幕
四つ切り画用紙に牛を描く（45分）「ふんぎる」

　「大きな画用紙だね。牛さんも大きく描こうね。練習したように描けば大丈夫。練習であんなに上手に描けたから、絶対上手に描けますよ」「顔の位置を決めます。どのあたりに描きますか？　指で描いてごらん」牛の顔を左にするか、右にするかで絵に多様性が生まれてくる。
　「かたつむりの線がスタートしますよ。よう～い　スタート」
　あとは、練習と同じように描き進めていく。練習時には恐る恐る描いていた子も、自信をもって自由にクレヨンを動かしていった。

第３幕
彩色する（45分）「彩色の仕方」

　彩色は絵の具である。絵の具の使い方はまだ初心者なので、ここでも一時に一事。「線をふまないようにぬりなさい」の指示で、はみださないでぬることができた。白い部分はアクリル絵の具を使用した。アクリルを使用したことで、白色に厚みが

でた。「すごい。○○ちゃん。丁寧にぬっているね」ほめることで、次への意欲が持続できる。子どもたちは集中してぬっていた。

第4幕
自分と友達の姿を描く（45分×2）「動きのある人物の描き方」

『わくわく絵のれん習ちょう〜人のうごきをかこう〜』（著作・監修　酒井臣吾、正進社）で、動きのある人物の描き方を練習した。コピー用紙に自分の姿を描いて切り取った。人物は「誰が何をしているのか」を明確にさせる。黒の油性サインペンで描いた後、クレヨンで彩色。綿棒でなぞると色がきれいに伸びるので、「お〜」と感動しながら作業をしていた。

第5幕
人物を配置する（45分）「構成」

切り取った人を画用紙の上に置いてみる。一番いいと思う場所に糊で貼り付ける。早く出来上がった子どもは、背景（草原、花）を描き入れた。

どの子も生き生きとした牛が完成した。「こんな上手に描けたのは初めて」と大喜びをしていた。その後家庭訪問に行った時、リビングに絵が飾られているのを見つけた。「この子がこんな絵を描くなんて、びっくりしました。今まで幼稚園でも、下手で下手で本当に恥ずかしくて。これは宝物です」と、お母さんが嬉しそうに話された。子どもが笑顔になると、保護者も笑顔になる。そして教師もまた、笑顔になる。

3 生活科の授業がますます楽しくなる—工作作品づくり作戦　2時間

9 「ふわふわすいすい」

～初めてのお楽しみ会～

冨築　啓子

4月に入学した1年生も、学校生活にもだいぶ慣れた7月。1学期のお楽しみ会を計画した。

お楽しみ会では定番のジャンケンゲームやフルーツバスケットで楽しむと共に、自分で作った工作で遊ぶコーナーも作ってみた。

選んだ工作は、佐藤式工作「ふわふわすいすい」。「ふわふわすいすい」は、持ち手つきのビニール袋と折り紙があれば、1年生ででも簡単にできる。でき上がればすぐに遊べる。とても楽しい工作だ。

作り方の指導は、TOSSランドの大沼靖治氏によるアニメーション授業用コンテンツ（http://www.tos-land.net/teaching_plan/contents/7442）を利用するととてもわかりやすい。

◆ 準備物

・持ち手つきのビニール袋1～2枚（幅18cm程度のもの）　・折り紙
・はさみ　・セロハンテープ　・スティック糊　・うちわ（下敷き）

◆ 指導の手順

持ち手つきのビニール袋を配り、大沼氏のサイトを見せながら、説明していった。

1．ビニール袋の持ち手をまくる。
　外側でも内側でもよい。中には、ふわふわのビニール袋をうまく扱えず、「まくれません」という子

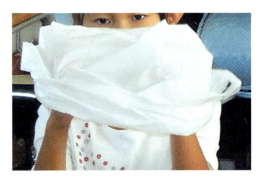

がいた。友だちに手伝ってもらったり、教師がやったりして、まずは袋の形を整えた。

2．ビニール袋を好きな形にする。背を高くしたり低くしたり、四角にしたり、持ち手を出したり入れたり、いろいろ考えて形を決めさせた。

3．好きな形のビニール袋が何に見えるか考える。すぐに思いつかない子もいたので、「下敷きで扇いで、少し動かして遊んでもいいですよ」と言って遊ばせた。

4．何に見えるか決まったら、折り紙でかざりをつける。

かざりの付け方は、3つ。

①平らにしてかざりを置き、いろいろ動かして決まったらテープで貼る。

②ふくらませたまま、テープで貼っていく。

③平らで作って、ふくらませて貼る。

やりやすい方法で、貼っていくようにさせた。

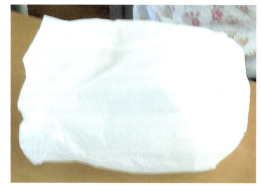

かざりつけのコツは、大沼氏のコンテンツでも示されているように、まず一つ部品を作ってみること。そうすると、次の部品がおもいつく。それを繰り返すとよいことを説明した。

また、テープは、上から貼るより、輪っかにして、両面テープにして貼ると見た目もよいことも説明した。
　作っている様子を見て回りながら、
「わあ、上手にできているね」
「これは、うさぎだね。耳をうまく貼ったね」
などとほめていくと、工夫しながら、楽しく作ることができた。

5．できたら、遊ぶ。
　「できた人は、遊んでもいいです。まだ作っている人のじゃまにならないように、空いている場所でそっと遊びます」
　子どもたちは、喜んで遊び始めた。
　この日は、うちわを持ってこさせていなかったので、とりあえず下敷きを使わせた。次の日のお楽しみ会で「ふわふわすいすい」を使って遊ぶことと、うちわを持ってくることを連絡した。

1学期 「1学期の題材」―モデル作品＆指導手順

◆作ったもので遊ぶ

　予告しておいたように、次の日お楽しみ会を行った。

　子どもたちは、登校するなり持ってきたうちわをうれしそうに見せ合っていた。「ふわふわすいすい」は、教室より広い多目的室で行った。

　初めは、個人個人で遊ばせた。しばらくして、リレーを行った。

「これから、ふわふわすいすいのリレーをします。号車ごとに順番を決めて並びましょう」

「向うの印まで行って回って帰ってきます。空中に浮かばせるのではなく、必ず床をすいすいと動かします。扇がずにうちわで直接動かすのは、だめです。戻ってきたら、次の人とタッチして交替します。早く全員が行って帰ってきたチームが勝ちです。では、始めます」

　子どもたちは、一人で遊ぶのもみんなでリレーをするのも、楽しんでいた。

　後で、感想を聞いてみた。

○さいしょはむずかしかったけど、くふうをしたらすすむようになって、うれしかったです。
○よくすべったし、たのしかったです。
○リレーがとってもたのしかったです。
○つくるのがちょっとむずかしかったけど、あそぶのがたのしかったです。
○うちわであおいだら、すいすいすすんで、うれしかったです。

47

3 生活科の授業がますます楽しくなる—工作作品づくり作戦　3〜4時間

10「きつつき」
〜楽しい工作でクラスの森を作ろう〜

佐々木　智穂

きつつきができると「つつきながら落ちるね」「鈴の音がかわいい！」「国語で作ったのと違うね」と子どもたちは嬉しそうに遊んでいた。作って楽しい、遊んで面白い、飾って美しい3拍子揃った工作である。①きつつきが降りる仕組みを作る。②きつつきを色画用紙で作る。③遊んだ後、展示する。このような手順で進める。

「新種のきつつき」なので、どんなきつつきでも大丈夫。子どもたちは、羽やとさかにいろいろな工夫ができる。飾るときには「2年1組ふしぎの森」など名前を付けて飾ると楽しい。

◆ 準備物
- 洗濯ばさみ　4つ（持ち手に穴の開いたもの）　・輪ゴム　3本
- 鈴　1こ　・糸　・色画用紙　15cm×20cmを10色程度
- セロハンテープ　・糊　・はさみ

◆ 指導の手順

第1幕
動く仕組みを作る（45分）

国語で説明文「きつつき」を学習した後、製作した。
「国語では、ばねで降りるきつつきを作ったね。今日はゴムで降りてくるきつつ

1学期 「1学期の題材」―モデル作品 & 指導手順

↑穴

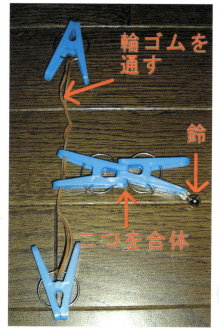
輪ゴムを通す
鈴
二つを合体

きを作るよ。『新種』のきつつきなので自分だけのきつつきを作ろうね」

　まず、動く仕組みを作る。洗濯ばさみは写真のように穴の開いたものを使う。
　手順は次の通りである。
① 輪ゴムを3本つなぐ。
② 片方の輪ゴムの端を洗濯ばさみに付ける。
③ つないだゴムに、洗濯ばさみを通す。
④ もう片方の端を洗濯ばさみにつける。
⑤ 残った洗濯ばさみに鈴をつける。
⑥ 鈴をつけた洗濯ばさみをゴムを通した洗濯ばさみと合体させる。
⑦ 両手で洗濯ばさみを上下に引っ張りゴムを張って、合体させた洗濯ばさみがうまく降りるか確認する。

　洗濯ばさみに糸で鈴をつけるのは、ちょっと難しいので教師の方でやってあげるとよい。鈴がうまく鳴らない時には、糸を少し緩めるなどの調整をする。

第2幕
きつつきを作る（45分～90分）

「きつつきだとわかるため、絶対必要なものは何でしょう」「くちばし」「羽」「そうですね。この二つは必ずつけましょう。それと、目もつけます。後はみんながすてきに工夫してくださいね」

　まず、子どもたちに色画用紙セットを配布する。必要な色を取りに行くのと、手元にたくさん色がある中から選ぶのとでは大違いだからで

49

ある。

　子どもたちは「この頭には何色の飾りが似合うかな」「羽には何色で模様をつけよう」と色を当ててみながら考えることができる。

　きつつきは次のような手順で作る。

①顔を作る　　　　②体と羽を作る　　　　③飾りをつける

　②の段階できつつきになっているが、③のようにいろいろな飾りを工夫すると楽しいきつつきになる。ここでは、尾羽、頭の飾り、羽に模様、ほっぺたをつけてみた。「先生、きつつきに足をつけたいのだけど」「いいね！　やってごらん」「赤ちゃんきつつきをおんぶしてもいいかな」「すごいアイデア。やってみて！」このように子どもたちはいろいろな工夫をするようになる。

　きつつきができたら、動く仕組みにつける。

　きつつきの裏にセロハンテープを丸めてつけ、洗濯ばさみと合体させる。実際に動かしてみて、うまく動かない時には、取り

付ける位置を調整する。

第3幕
展示をする（45分）

　一通り遊んだら、作品を展示する。

　まずは自分で作ったきつつきに名前を付ける。「私はお姫様みたいにかわいくしたからひめきつつきにしよう」「ぼくは星の模様があるからスターバード」名前が決まったらラベルに記入する。「鳥の名前」「発見者（作者）」「特徴」が書き込める作品ラベルを作って一緒に掲示すると、作者の工夫が伝わるのでより鑑賞が深まる。

　「このきつつき、王子だから冠かぶっているんだね」「このきつつきはサングラスつけてるよ。おもしろいね」このように作品を見ながら、子どもたちが話していた。

　さらに、掲示板を森に見立てて、森の名前を考えさせても楽しい。

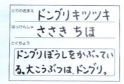

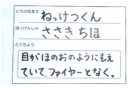

　「みんなが作ったきつつきがすむ森の名前を考えましょう。どんな名前がいいかな」「いろんなきつつきがいておもしろいからわくわく森」「色がきれいだからカラフル森」付けた名前も一緒に掲示するとより楽しくなる。

3 生活科の授業がますます楽しくなる―工作作品づくり作戦　5時間

11「ブラックフェイス」
〜教室をすてきな光で飾ろう〜

大沼　靖治

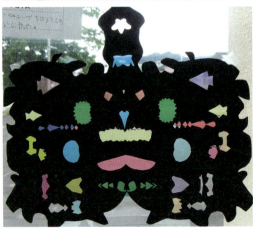

2年生の生活科で町立図書館に探検に行った。気づきを話し合う中で、子どもたちが口ぐちに発表したのが「窓や壁の飾りつけのすばらしさ」だった。司書さんが来館者のために心を込めて作った装飾に子どもたちはいたく感動していた。

「先生、私たちも教室を飾りつけしてみたい！」「何でもいいから飾りを作ってみたい！」

ちょうど図工の教科書にもセロハン紙を扱う単元があったのもあり、生活科で学んだことの発展として佐藤式工作「ブラックフェイス」で装飾することにした。

◆ 準備物
・黒色画用紙　八つ切り
・透明折り紙（100円ショップ）1人1冊
・セロテープ　・はさみ

第1幕
黒い顔を切る（45分×2）

　佐藤式工作は酒井式描画指導法の理念を生かした工作指導法である。酒井式四原則「ふんぎる・集中する・よしとする・それを生かす」を工作でも十分に発揮する

1学期 「1学期の題材」—モデル作品＆指導手順

ことができる。

4月の図工で、子どもたちは「世界に一つだけの顔を作る」工作に取り組んだ。これはB5の紙を半分に折り、下絵なしで顔を切る工作である。子どもたちは下絵がなくても勇気を出してふんぎり、刃先に集中して切り、多少失敗したと思ってもそれをよしとし、その形を生かす経験をしている。

「これからこんな黒い顔を作ります」と言って、教師作品を窓に貼った。

「キレーイ」と声が上がる中、「かわいい妖精でも、妖怪でも、宇宙人でもいいです。きれいな顔を作って飾りましょう」というと子どもたちはノリノリになった。

まずは顔の輪郭を切り取る。下絵を描かずにはさみで描くように切るのは、酒井式の彫刻刀で描くのと同じである。ただ事前に注意を与えないと小さな顔になる子が必ず出る。

①できるだけ端を切って大きくすること。
②ゆっくり切ること。
③はさみを動かさずに紙を動かすこと。
④チョッキン・チョッキンではなくハサミの根元でチョッチョッと切ること。

なるべく大きく切る

これらを確認して切らせた。それでも顔の面積が小さくなってしまう子には、切るところを指でなぞらせるなどの指導が必要だった。

次は顔のパーツを切る。条件は2つ。顔なので目と口は必ずつくること。あとは飾りの模様をたくさん作ることを条件とした。大きな穴をあけてしまうより、小さな穴がたくさんあったほうがきれいであることを、教師作品で確認した。

穴を切り取るためには方法が2つある。4月の「世界で1つだけの顔」の時は、次頁上の右図のように1回折った状態で目などの穴を切らせた。目の間に切った線が残る。今回は紙が大きいのでこの方法だけだと切った線が多すぎてバラバラになる可能性が大きい。そこで穴をあけたいところ

53

だけをもう一度折って切る方法を教える。（下図）

　実物投影機でやって見せただけではわからない子が必ずいるので、机間巡視が必要である。はさみが苦手な子には一部をやってあげて教えた。子どもたちは次第にコツをつかんで切っていった。

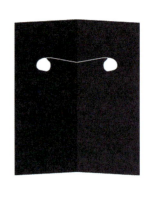

穴をあけたい所を　もういちど折る

第2幕
透明折り紙をテープで貼る。（45分×2〜3）

　セロハン紙でもいいが、100円ショップの透明折り紙の方がお薦めである。折り紙サイズの上、色も豊富でセロハン紙より強度があるので取り扱いが楽なのである。色も落ち着いた感じだ。

　透明折り紙を貼る作業は、子どもたちを集めて実演してみせる。黒い顔を裏返して、穴の上に透明折り紙を置き、油性マジックで穴より大きめに印をつける。（写真）これを切り取ってテープで2か所とめる。2か所くらいでよい。周りを貼っているとテープが増えて最後はちょうどよくなる。テープが穴にはみ出すと見栄えが悪くなるのでこれも実演して見せてやると納得していた。

　子どもたちは非常に熱中して取り組んでいた。時折窓に持って行ってはかざし、数人集まっては「きれいだね」と話し合っていた。ただ低学

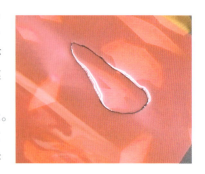

年の子は疲れてくると穴と同じ大きさに切り取ってしまい、テープがはみ出してしまう傾向があるようだ。また、表と裏がわからなくなって、両方から貼っている子もいるものなので注意して見ている必要がある。1日45分がちょうどよいと思う。紙と違って透明折り紙は袋に戻すのが難しい。大きな古封筒を用意してそれにしまわせた。

完成した子から窓にセロハンテープで貼っていった。さすがに教室には貼りきれないので、教室前の廊下の窓にずらっと貼っていった。廊下がステンドグラスで飾られたようになった。「すごい！きれい！」子どもたちから歓声が上がった。他の学年の子や保護者が、廊下を通るたびに足を止めて「きれいだね」と言って行くのもうれしいようだ。生活科の活動から生まれた子どもたちの願いを、具現化してあげることができた。

「2学期に描かせたいイベント」

　2学期は運動会（最近は、1学期に行われる学校も増えてきました）、学習発表会、作品展、地域との体験学習……等、行事が目白押しです。

　「ここぞ！」というイベントは、夏休みの間、しっかりと行事の計画を立てて、2学期に臨んでいることでしょう。

　そんなときに、そのイベントに向けて描かせる絵の準備をしておくことをお薦めします。

　行事の絵を描くときに一番大切になってくるのは、「主語作り」です。つまり、「私が〇〇をしていたら、〇〇がどうなって、〇〇だった」のようなお話を絵で表現するのです。

　たとえば、運動会の大玉ころがしの絵。

　「わたしとまさるくんが、いっしょに大玉をころがしていたら、いきがぴったりとあって、あいてのチームをおいぬいてゴールできてうれしかったよ」というような、エピソードを絵で表現できるようにします。

　子どもたちは、ただ大玉を転がしている絵を描くのではなくて、そのときのわくわくした思い出を絵によって表現していく。それが、酒井式描画指導法の求める「主語作り」になります。

　実は、この「主語作り」は、そのことを意識してやっていないと、なかなかできないものです。だから、指導者が教材研究の時に、その場面を想定して「主語作り」をして絵を描いてみます。

　その見本の絵を見ると、子どもたちの発想はもっと広がり、クラスの子どもたちの数だけ個性豊かな絵が描かれていきます。

　「主語作り」の造形法を子どもたちが会得すると、行事やイベントの絵のストーリーがますます豊かに展開され、学級経営にもよい影響を及ぼすことは言うまでもありません。

　ぜひ、2学期のイベントを通して、子どもたちの「主語作り」の造形力を高めてください。

2学期

「2学期の題材」
―モデル作品&指導手順

4　皆で協力したらすてきだね―ポスター、共同作品づくり作戦　　3時間

12「玉入れは楽しいね」
～"人の動き"を描く運動会～

原田　朋哉

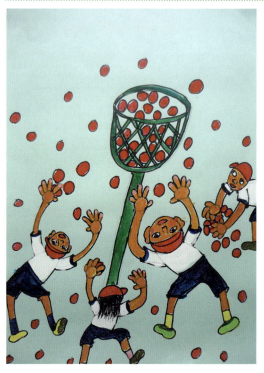

　一年間で、子どもたちにとって一番大きな行事と言えば、運動会ではないだろうか。

　子どもたち、保護者が、それだけ待ちに待った行事である。

　その中で、どの学校でも比較的行われているのは、この「玉入れ」である。

　子どもたち一人一人が、躍動するこの「玉入れ」の絵は、人の動きを学ぶための宝庫である。

　よって、このシナリオは、「人の体の動き」を描けるようになるよい機会となる。

　自分たちの経験と絵とを結びつけながら描かせると楽しく描くことができる。

◆ 準備物
・色画用紙（八つ切り）　・黒の油性ペン　・絵の具
※黄土色や肌色、空色などの画用紙を使うことによって、背景は、最低限の彩色ですむようにする。

◆ 指導の手順

第1幕
籠を描く（15分）

　始めに、教師が描いた参考作品を見せ、イメージを持たせる。
　まず、右の写真のように、籠を斜め気味にして描く。籠の描き方の順番を下に記す。
① 　輪の部分を描く。
② 　外側の輪郭の部分を描く。
③ 　網目を描く。
④ 　籠を支えている下の棒を描く。

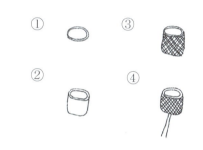

第2幕
人物を描く（30分）

　次に人物を描く。このシナリオで「人の体の動き」を十分に体感させたい。そのための基本となるのが「人の体の描き方順」である。
　描き方の順を以下に示す。
① 　右下のようなお手本を直写して型を体感させる。（覚えさせる）
② 　頭と帽子を描く。
③ 　胴を描く。
④ 　手を描く。
⑤ 　手と胴をつなぐ。
（この時、腕の付け根からつないでいくとおなかから手が出ることを防ぐことができる）
⑥ 　足を描く。
⑦ 　足と胴をつなぐ。
⑧ 　服を描く。

第3幕
人物を着色する（70分）

色は薄い色から濃い色の順でぬるとはみ出た部分も後から修正がきくので、汚くなりにくい。

ここでは、体操服の白からぬっていく。

そして、腕 → 足 → 靴 → 赤白帽とぬっていく。

赤白帽と一緒に紅白玉をぬると効率が良い。

第4幕
空をぬる（20分）

まず、一番太い筆に水をつけ、空をぬりたいところに筆をおいていく。
次に、青色をつけた筆をその水がぬられたところにそっと触っていく。
色がにじみ、動きのある空になる。

左は、うす茶色の画用紙。

それなりに体操服と靴下の白とパンツの青が映えるが、赤玉のインパクトが薄くなっているので、白玉の子に有効な色だと言える。

右の絵は、同じうす茶色の画用紙である。

　前頁左下の絵に比べ、やはり白玉が映える。

　左の絵は、空色の画用紙を使っている。

　空の色と相まって、さわやかな空気感を演出してくれる色である。

　この色は、赤玉でも、白玉でも、それなりに映える色の画用紙である。

　上の二つの絵は、赤玉が飛んでいる軌跡を描いている。このような線も、動きが出る工夫となる。

　是非、子どもたちに大人気の「玉入れ」のシナリオに挑戦してほしい。

4 皆で協力したらすてきだね―ポスター、共同作品づくり作戦　　4時間

13「運動会ポスター」

～初めてのわくわく体験を描く～

宮﨑　裕子

　１年生にとって、小学校初めての運動会。わくわくドキドキ。そんな１年生の気持ちを運動会のポスターで表現させる。１年生でも無理なく楽しくポスターを作ることができる。題材は、大玉ころがしや玉入れがお薦めである。
　今回は、大玉ころがしの実践を紹介する。
・体育の時間を使って、大玉ころがしをする。
・自分を中心に、自分といっしょに転がした友達だけを描かせる。
・人間の描き方は、わくわく絵のれん習ちょうを使って練習する。
・ポスターの文字は教師が作成し、色だけぬらせる。
　この方法で、１年生でも次のような運動会のポスターを描くことができた。

◆ 準備物
・黄土色の九つ切り画用紙（児童数分）・台紙用色画用紙（児童数分）
・クレヨン　・綿棒・黒のマーカーペン　・「うんどうかい」の題字（児童数分）

◆ 指導の手順

第1幕
大玉と自分を描く（45分）

　体育の授業で大玉ころがしを行い、その後、この授業を行った。自分の背丈以上もある大玉を子どもたちは、力いっぱい押して転がしていた。実際にこのような体験をした後なので、動きをイメージしやすく、子どもたちは喜んで取り組んだ。

　「大玉ころがし、楽しかったね。今日は、大玉ころがしの絵を描きます」と言って、上のような試作品を見せ、イメージをもたせた。

　「まず、大玉を鉛筆で描きます」（黒板に一緒に描きながら行う）

　「次に、自分をペンで描きます」「頭（目・鼻・口・眉毛・髪の毛）→胴体→手首→つなぐ→足首→つなぐ→体操着を着せる」と言い、一緒に黒板に描きながら進めた。

　手を描くときは、「あんなに大きな玉を押した手だから、大きく力強く描

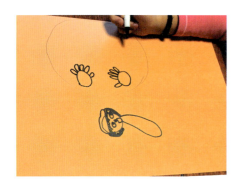

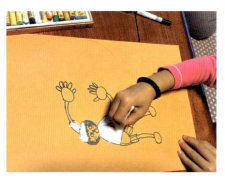

こうね、よいしょ、よいしょ、と言って押しているように描こうね」と話しながら、五本の指も1本1本丁寧に、描かせた。

　子どもたちは、「大玉が、なかなか動かなかったよ、手が痛くなったよ」などとつぶやきながら、描き進めていた。わくわく絵のれん習ちょうでいくつかの動きを練習しているので、スムーズに描くことができた。「大玉を押している手が、とても力強く描けて、すばらしい」と子どもたちをたくさんほめた。子どもたちの顔が、にこにことした。自分が完成したら、色をぬらせた。顔の色は汚くなりやすいのでぬらせず、画用紙の色のままにし、頬にだけクレヨンのオレンジ色を入れさせた。手足は、クレヨンの肌色でぬらせた。帽子・体操着・短パンをぬらせ、滑らかになるように、綿棒で擦らせた。綿棒で擦ると色鮮やかになるので、子どもたちは喜んでやっていた。ただ、縦に擦ると線がついてしまうので、「くるくると回しながら、優しくなでるようにね」と声をかけながら行った。

第2幕
友達を描く、旗やコーンを描く
（45分）

　「今日は、いっしょに大玉をころがした○○ちゃんを描きます」と話し、始めた。前回、自分を描いているので、一人で描き進めることができた。

　「すごいね。一人で描くことができてすばらしい」とほめたら、子どもたちはとても誇らしげな顔をした。

　友達を描き、着色をしたら、大玉をペンで

なぞらせた。その後、旗やコーンを描かせた。

第3幕
大玉を着色する　白線を描く（45分）

　大玉を絵の具で着色する。教師の近くに集めて示範をし、「マヨネーズとジュースの間くらいの濃さだよ」と話しながら、色の濃さを確かめさせた。ぬり終わった子どもから、「うんどうかい」と印刷した文字の色をクレヨンでぬらせた。大玉の絵の具が乾いたら、白線を白い絵の具で描かせた。

第4幕
作品を色画用紙に貼る（45分）

　黄色・ピンク・水色・オレンジの四つ切り色画用紙に自分の作品を置いてみて、台紙になる色画用紙の色を決めさせた。

　日時や会場などの表示は、1年生であるので印刷したものを貼らせた。

　ポスターが仕上がった後、鑑賞会を行った。初めての鑑賞会だったので、「いいところを発見できた人はすごい」と持ち上げながら行った。子どもたちからは、「一生懸命に、押している感じがする、ていねいにぬってある、旗の模様を工夫している」などたくさんのほめ言葉がでた。友達からほめられ、とても嬉しそうな表情をした。クラスの中に、温かい空気が流れた。幼稚園や保育園が異なる子どもたちもおり、ほめ合う場は人間関係を円滑にした。

4 皆で協力したらすてきだねーポスター、共同作品づくり作戦　約3時間

14「コースターからクジャクを作ろう」
～楽しい学校掲示板づくり～

木村　雄介

　月ごとに掲示板を学年で分担する学校が多い。しかし、掲示のためだけに、授業時間をたくさん取ることは難しい。だからといって、あまりにも力を入れないのも困りものである。

　サッとできて、パッと掲示できる。そして、季節に左右されない。低学年にお薦めの実践がコースターから作るクジャクである。

・クレパスでコースターにカラフルな模様をつける。
・できあがったコースターをクジャクの羽に見立てて、貼り付けていく。
・掲示が終わったらラミネートする。何度もコースターとして使える。

◆ 準備物
・八つ切りの画用紙（白、黄土色）・クレパス・綿棒
・はさみ・ビニールテープ（黄色）・画鋲

◆ 指導の手順

第1幕
事前準備（20分）

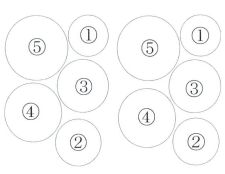

　クジャクの羽を準備する。八つ切りの白画用紙に、右の図のように、コン

パスで半径3.5cm、4cm、4.5cm、5cm、5.5cmの円を描く。また、小さい円から、①から⑤まで番号を書いておく。こうすることで貼るときに羽の大きさで迷うことがなくなる。これらはパソコンで作ってもよい。

　1枚の八つ切り画用紙から2本分の羽を取ることが可能である。この紙をひな形にして、あとは輪転機で八つ切りの白画用紙に必要な枚数を印刷する。刷り上がった画用紙を裁断機で半分にすればクジャクの羽の準備は完了である。

　授業時間に余裕があるのであれば、「きれいな丸になるように切りましょう」と子どもにはさみで円を切らせてもよい。

　授業時間が足りないのであれば、教師が事前に切っておく。何枚か重ねて、円のないところをホッチキスで何カ所か止めておき、はさみで切るとよい。そうすると、形がずれずに切ることができる。

　子どもへの見本として①から⑤までのそれぞれの大きさの羽の模様を描いておく。そうして1本の羽を作っておく。こうすることで描くのに戸惑う子への参考にする。

　八つ切りの黄土色の画用紙に、教師がクジャクの本体を描いて切っておく。

第2幕
クジャクの羽を作る（45分）

　「今日はみんなでクジャクを作ります」と言って、事前に作っておいたクジャクを右の図のように黒板に貼る。

　「あれ、このクジャクさんは足りないものがあります。何でしょう」「羽がない」「その通り。みんなの力でクジャクさんにきれいな羽をつけてあげよう」「先生がちょっと描いてきました」と言って、羽の1本分を見せるとイメージしやすい。事前に印刷し、円に切っておいたクジャクの羽を子どもに配布する。大きい円から配布する。大きい方が模様を描きやすいからである。

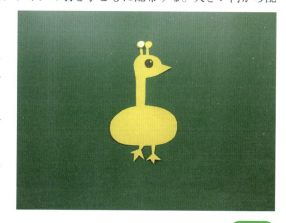

　配布したら、まず番号が書いてある面に鉛筆で名前を書かせる。そうしないとあとで子どもたちに返却するときに誰のか分からないからである。

　「番号が書いていない方に模様を描きます。先生の羽を参考にしてもいいし、自分で考えて

もいいです。みんなでカラフルなクジャクさんにしてあげよう。ただし、注意点があります。なるべく白いところはないようにします。そして、黒は使いません」注意点は黒板に書いておくとよい。黒は強いのでせっかくの羽が汚くなってしまうから使わせない方がよい。

　クレパスでぬったあとは綿棒で伸ばさせる。こうすることで、色が鮮やかになり、子どもたちは集中する。
　完成した子には、2枚目、3枚目をやらせる。自分たちでどんどん模様を工夫するようになる。
　完成したコースターを羽にして貼っていく。ビニールテープをだいたい55cmに切る。両端を1cmずつ折り返しておく。ビニールテープの内側から①、②、③、④、⑤の大きさの羽を図のように貼っていく。つまり内側から外側に行くほど、クジャクの羽が大きくなるのである。羽と羽の間は1cmずつあけるとよい。あとは、羽を組み合わせていき、クジャクを完成させる。黒板には磁石で貼り、掲示板に貼るときは画鋲でさすとよい。
　時間があれば、鑑賞会を行ってもよい。「このクジャクのいいところを発表してみよう」と言うと、よりみんなで作ったクジャクに対して愛着を持つことができるだろう。作った子どもたちも自分の羽とみんなの羽でクジャクができたことで、集団

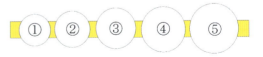

2学期 「2学期の題材」—モデル作品 & 指導手順

の輪（和）を無意識に学べたのではないかと思う。

第3幕
掲示後にコースターにする（45分）

掲示が終了したら、クジャクの羽をていねいにはがす。はがした羽をラミネートする。A4の中に5つの羽がぜんぶ入る。周りを残してはさみで切ると、コースターとして使うことができる。

低学年はコースターについて知らない子が多い。そこで、給食の時間に一度使うとよい。「冷たい飲み物は周りに水滴がついて、机がぬれてしまいます。そこで、お店に行くとコースターというものを敷きます。せっかくですから、今日の給食の時間に使ってみましょう」というと、どの子も自分の作ったコースターを嬉しそうに使う。給食の時間で使ったあとは、持ち帰らせるとよい。

クジャクは季節を問わず掲示が可能である。卒業式や入学式の掲示にも有効である。コースターのあまりを使って「卒業おめでとう」や、「入学おめでとう」とタイトルをつけるだけで完成する。

4　皆で協力したらすてきだね―ポスター，共同作品づくり作戦　　3時間

15 「おそうじポスター」
〜清掃強化週間ポスターづくり〜

飯塚　美代子

　勤務校では、学期末ごとに「ピカピカ大作戦」として清掃強化週間がある。そこで、「そうじでがんばること」を自分たちで考えさせ、ポスターを作ることとした。自分で作ったポスターを見えるところに掲示したことで、子どもたちはがぜんそうじをやる気になった。

　「2年生でも簡単にできるポスター」として、ピクトグラム（絵文字）で作成する方法がある。人の動きを、体のパーツを組み合わせて表現できるので、楽しみながら作ることができる。運動会や学習発表会のポスターなどにも応用可能である。

◆ 準備物

・人の体のパーツを印刷した紙（B4）　・はさみ　・糊　・太字ペン
・色画用紙（八つ切り）5種類　　・クレパス（クレヨン）

◆ 指導の手順

第1幕
そうじをする人を作る（45分）

　「おそうじポスター」の作品例をたくさん見せる。「もうすぐピカピカ大作戦です。おそうじでがんばることをこのようなポスターに描きます」子どもたちの反応は「おもしろそう」「楽しみ」「何をしているところにしようかな」とワクワクしてい

2学期 「2学期の題材」―モデル作品＆指導手順

る様子であった。

　まず、見本を参考にしながら色画用紙を選ばせた。次に、人の体のパーツを印刷した紙を見せた。「これは、何？」と尋ね、手や足はいくつの部分からできているか確認させた。「自分の手や足を触ってごらん」そう言って自分の体で確かめさせた。「本当だ。3つに分かれている」と言いながら手や足を動かしている子もいた。「切るときは、初めは大きく切り取ります」実際に切って見せてから、紙を配った。注意したのは次の点である。

①はじめは大きく切り取る。
②周りを1mmほど残して切り取る。
③手は周りだけ切り取る。

　どの子も慎重に切り取っていた。時間がかかる子は一緒に切った。この部分は、支援しても嫌がらなかった。

　次に、切り取った体のパーツを色画用紙の上で自由に動かしながら、そうじする人の動きを考えさせた。「黒板をきれいに消しているところ」「ぞうきんでピカピカにしているところ」「ごみを集めているところ」「ベランダそうじ」口々に何をしているところかを話しながら、パーツを動かしていた。

第2幕
人を色画用紙に貼る（45分）

　動きが決まったら、色画用紙にパーツを貼らせる。この時、「何をしているところか決まったら手を挙げようね」と指示し、机間巡視した。並べ方を見て、合格の

子には胴体から1つずつパーツを貼らせた。途中で、手か足かわからなくなってしまう子もいると予想されたので、あらかじめ人のパーツを印刷してある紙は多めに用意しておき、困っている子に渡せるようにした。切ったパーツを重ねながら「これは足だった」と確認しながら貼っている子どももいた。

動きが小さい子やどう置いたらいいのか決められずにいる子には「ひじやひざを曲げてみたらどうかな」「右と左で動きを変えるといいよ」「胴体を斜めにしてみようか」などとアドバイスをした。

「全部貼れたら『できました』と言ってね」そう指示して、机間巡視を続けた。「できました」の声が聞こえたところで一度作業を止めて「手」の加工の仕方を教えた。(下図参照)

そうじで使うもの(ほうきやブラシなど)を持たせたときの手は、あとから黒ペンで修正できることを教えると、「ペンで直せるんだ」と安心して道具や用具を描き加えることができた。

第3幕
仕上げる (45分)

①書く言葉を決めた。「どんな言葉を書きますか」と聞くと「すみずみまできれいにしよう」「ごみをのこさずあつめよう」「こくばんをきれいにしよう」「まどをピカピカに」などが出てきた。すべて板書して、決められない子の参考とした。それでも決められない子には見本と同じ「ピカピカ大さくせん」と書くようにアドバイスをした。

②文字を書くのは、太マジックでも、クレパスでもいいこととした。文字を書こうと思うところに薄くえんぴつで書かせてから、なぞらせた。太いペンを使うのは初めてだったが、ほとんどの子がペンを使いたがった。そこで、グループを作り、グループに1箱ずつ太マジックを渡し、自由に使わせた。「字の周りを違う色でなぞってもいいですか」見本をよく見ていた子から質問された。そこで、子どもたちを集め、実際にやって見せた。

③空いているところにはピカピカマークや床など自由に描かせた。「ピカピカマークできれいになっているのが伝わってくるね」「汗も描いたんだ。工夫しているね」などと声をかけると、周りの子が見に来て自分の絵にも工夫をしていた。見本を見て、文字の下に線を引いたり、黒板を緑でぬったりする子もいた。時間いっぱい自由に描かせた。

「出来上がったポスターをみんなに紹介しよう」そう言って、真っ先に出てきた子の作品を見ながら、「いいところを言いましょう」と発表させた。

「動きが工夫してある」「言葉がいい」などたくさんほめてもらえるので、次々と前に出て紹介することができた。教室背面に掲示して、そうじの時間の前に「○○さんのポスターを見て」と話す。すると子どもたちは、「今日は床をピカピカにするぞ！」と張り切ってそうじに取り組むのがほほえましい。

5　地域の人とのふれあい活動　　　　　　1～2時間

16「大収穫の絵手紙」
～生活科・総合でお礼を描く～

佐藤　貴子

　生活科では、地域の人たちと一緒に、収穫体験をすることがある。そんなとき、お薦めなのが、クレパスのぼかしを使った、絵手紙である。

　八つ切り画用紙4分の1の大きさなので、誰でも簡単にできて、クレパスとペンだけで、美しい作品ができる。一言、「ありがとうございました」と、言葉を添えれば、お礼状にもなる。

　地域の方たちも、子どもたちの作ったこんなかわいい作品をもらったら、思わずにっこり！　うれしいことだろう。（2年生作品）

◆ 準備物
・画用紙一人八つ切り4分の1を2枚
・クレパス　・ペン

◆ 指導の手順

第1幕
レンコンを描く（20分）

　勤務校は、レンコンの産地である。自分のほったレンコンを、まず、しっかり見させた。

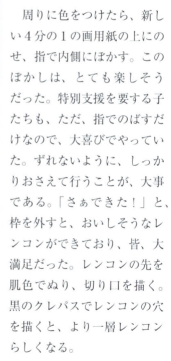

まず、4分の1に切った画用紙の真ん中あたりに、鉛筆で、レンコンの輪郭を描かせた。「ぼくのは、なが〜いレンコンだったから、紙を横にするよ！」「私のは、丸っこかった！」と、自分のレンコンを描くのは、うれしそうだった。

次に、ふちからはさみを入れ、レンコンの形を切り抜く。切り抜いたら、はさみを入れたところをテープでとめ、レンコンの周りに色をつける。「土がついていたから、こげ茶色だな」と、焦げ茶色をぬっていた。

周りに色をつけたら、新しい4分の1の画用紙の上にのせ、指で内側にぼかす。このぼかしは、とても楽しそうだった。特別支援を要する子たちも、ただ、指でのばすだけなので、大喜びでやっていた。ずれないように、しっかりおさえて行うことが、大事である。「さぁできた！」と、枠を外すと、おいしそうなレンコンができており、皆、大満足だった。レンコンの先を肌色でぬり、切り口を描く。黒のクレパスでレンコンの穴を描くと、より一層レンコンらしくなる。

第2幕
自分を描く（30分）

　空いているところに、酒井式の顔の描き方で、自分の顔を描く。鼻から口、目、まゆ毛、あご、顔の輪郭、耳、髪の毛と、順に描いていく。描いたら、肌を黄土色にし、綿棒でこすり、彩色していく。ほおや口は赤や朱色を黄土色に混ぜて綿棒でこする。

　次に自分の手を描く。掌をかいて、5本の指をつけていく。ピースのようにしてもよい。レンコンの下に両手を描くと、レンコンを持っているような感じになり、喜んでいた。

　友達を描いてもよい。一緒にほった地域の方を描くのも喜ばれることだろう。

第3幕
手紙を描く（15分）

　空いているところに、手紙を書く。文字はていねいに描くことが大事である。最後に自分の名前を入れることを忘れない。

　お礼の手紙なら、感謝の気持ちを短い言葉で伝えたい。

〈クレパスのぼかし・技法の工夫〉
　クレパスの色を何色か組み合わせると、一段と美し

いぼかしができる。製作するものによって、色の組み合わせを考えるとよい。

〈総合学習・町づくりで「ぼかしの絵手紙」〉

勤務校のある愛西市は、レンコンだけでなく、ハスの花が美しいことでも知られている。

また、イチゴ、ミニトマトなどの農作物も特産となっている。総合の時間に、「わが町・愛西市の魅力」を絵手紙にして発信した。

見学に行った「道の駅」の駅長さんが、子どもたちの作品を見て、「いいね〜!!」とほめてくださり、道の駅のメインストリートに、全員分の作品を飾っていただけることになった。多くの人に見てもらうことができた。また、地元テレビの取材もあり、子どもたちは、とても喜んでいた。

この「クレパスのぼかし」は、「いもほり」「いちごがり」など、どんなものでも応用できる。どの学年でもできる。しかも、短時間で、美しい作品に仕上がる。生活科や総合学習のまとめとして、楽しく活用できる。

5 地域の人とのふれあい活動

17 「かぼちゃ祭り」
～学校フェスティバルの作品づくり～

4時間

神谷 祐子

　低学年でも簡単にポスターや学校の掲示板の作品制作ができる題材。子どもたちはスポンジタンポをとんとんしながら、作品制作に夢中になれる。出来上がった1つ1つのかぼちゃの顔を見ていると、やはり制作者に似ていて、思わずみんなでにっこりとできる。子どもたちは、上級生にもほめられて、自信満々。みんなが思わず立ち止まって見ていく共同作品にもアレンジできる。

◆ 準備物

・絵の具セット　・新聞紙　・ウエットティッシュ　・歯ブラシ　・はがせる糊　・工作用糊　・カッター　・カッター板　・白画用紙　・色画用紙（濃いめのもの）　・鉛筆　・太めのサインペン　・タンポ用（スポンジ、綿棒、輪ゴム）

◆ 指導計画（全4時間）

第1幕　下絵を描く。
第2幕　白く残した部分を切りぬく。
第3幕　スパッタリングやタンポで着色し、仕上げる。（2時間）

第1幕
下絵を描く（45分）

　この作品制作の成功のポイントは、まずさまざまな表情のかぼちゃの作品例をたくさん提示することである。かぼちゃの絵は、ハロウィーンのイラストを参考にするとたくさん出てくるので、ネット等で収集する。
　子どもたちに下絵を描かせ、残す線を太くして黒のマーカーペンでぬりつぶさせ

る。線どうしがつながっていないと、切り取った時にばらばらになってしまうので、必ず教師がチェックを入れること。

パーツがばらばらにならないようにどこかと必ず連結する。

線は太めに描く。

第2幕
白く残した部分を切りぬく（45分）

カッターを使うのは初めてのことが多いので、必ず、カッターの練習を事前にしてから取り組むこと。カッターを使うとき、次の点に注意させる。

① カッターは鉛筆の持ち方で持つ。
② 手前に引きながら使うので、紙を押さえる手は、カッターの手前に持ってこない。
③ カッターの刃は、1つだけ出す。

カッターの刃が磨滅していたり、汚れていたりしては切りにくいので、必ず予めチェックしておく。

小さな空間から切りぬいていく。（大きな空間を先に切りぬくと、切りぬきにくくなってしまうため）
　まわりの部分を切りぬいてしまう子がいるので、くれぐれも輪郭の内側だけを切りぬくように注意する。

第3幕
スパッタリング、タンポで着色し、仕上げる（45分×2）

スパッタリング

小さな粒子をとばして、着色する方法。ここでは、歯ブラシに水でといた絵の具をつけて、それを指ではじいて画用紙にとばしていった。

他に、霧吹きで行うこともできる。

これも、最初は別の紙で練習させてから取り組ませる。

まわりを汚さないように、黒画用紙の下にしっかりと新聞紙を敷く。	スパッタリングをするところとしないところを分ける。絵の具は水を多くしてうすめに溶く。	霧吹きや歯ブラシで色を重ねていく。必ず、試し紙でやってみてから行うこと。

ステンシル

「タンポ」は、切ったスポンジを綿棒に輪ゴムでとめて作成する。

黒画用紙に着色するときは、着色したい色に白色を混ぜる。ほとんど水を加えないで、絵の具をどろどろのマヨネーズ状態にする。

葉っぱも同様にステンシルで着色。
仕上げは、筆でつるを描き入れたり、文字を入れたりしてもよい。

児童の作品例

他にアレンにすると

　魚や他の小動物、植物など、さまざまにアレンジが可能な題材である。
　本実践は秋の収穫の時期に行ったので、校内の掲示板にもタイムリーにヒットしていた。子どもたちは「今年の1年生、すっごく上手！ 私たちもやってみたい」と言われ、たいそううれしそうな様子。家に帰ってやってみたり、カードを作成したりと、さまざまに活用していた。

6 体を動かすのが大好き―作品づくり作戦

18「プール大好き」
～クレヨンと綿棒できれいな作品づくり～

5時間

関澤 陽子

「1年生でもできる」を念頭に以下の技能を取り入れた。「たらし込みの技法」「動きのある人の動きの基本」「綿棒でクレヨンをぼかす」などを入れて作成した。

夏休み明け、学校のプールの授業や発展させて、海で泳いだこともよしとしたので、夏休みの思い出を楽しく描かせることができた。

◆ 準備物
・画用紙（四つ切り、八つ切りでも可）・黒油性ペン・クレヨン・絵の具・綿棒

◆ 指導の手順
前段階（45分）　わくわく絵のれん習ちょうで人物の動きを練習する。

第1幕（45分）　たらし込みでプールの水を描く。
第2幕（45分×2）　プールで遊ぶ人物を描く。
第3幕（45分）　背景を描く。海で遊んだことでもよしとすると、海の生き物などを楽しく描くこともできる。

第1幕
たらし込みで水を描く（45分）

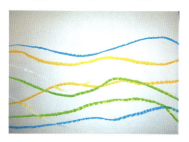

　水の中を描こう。「水の色は？」と聞くと「水色」「青」などと答える。「光が当たると？」「黄色もあるかな」このように、子どもから色のバリエーションを出させてから行った。

【クレヨンで水の動きを描く】

　クレヨンの黄色、空色、黄緑、白を用意させ、クレヨンの黄色で水の動きを2、3本描かせた。次に、黄緑、空色、白で描き、全部で7、8本になるようにした。「白は、絵の具をぬると見える不思議な線だよ」と話すと楽しそうに描いた。

【水たっぷりと絵の具でにじませる】

　初めに黄色と空色と緑と青と赤をたっぷりの水でうすめておかせた。（右写真パレットの場合）

　次に、はけを使って、水をたっぷりと画用紙いっぱいにぬらせた。「こうやってやるよ」教師の周りに来させてやり方を見せると、どの子も大胆な方法に、「早くやりたい！」モードに。乾かぬうちに黄色をたらし込む。黄色がにじんでいる間に、空色を空いているところにたらし込む。同じようにして、緑と青もたらし込んでにじませる。どの色も色が重ならないようににじませる。一度描いたところは、もう一度なぞらないようにする。赤をちょっと垂らすと水の色が魅力的になる。この一連の作業は、スピードが勝負。1年生の場合、パレットを使わず下より2つ目の写真のような場を作り、グループで活動させると絵の具の扱いが楽になり、共同で作業することができた。「もっとやりたい！」ダイナミックなたらし込みは大人気だ。

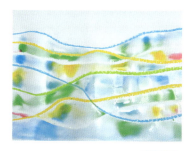

第2幕
プールで遊ぶ人物を描く（45分×2）

【油性ペンで人物を描く】

「プールで水中じゃんけんしたね」と共通の場面を思い出させて行った。「頭を右か左に傾けて描こう」「胴は、頭にまっすぐでない。ななめに描こう」と一時に一事で進めていった。

この時、子どものそばでたくさんほめ、自信をもって描けるようにした。「手を描くよ。じゃんけんのグーにする人？チョキ？パー？」と具体的に決めて描かせた。大事なのは左右対称にならないように描くこと。教師も一緒に描き「同じじゃつまらないよ」とよい例とよくない例も示した。つなぎが難しい。「肩から出発。ゆっくり、曲がってつなごう」とやり方を見せ、描かせた。足も同様にゆっくりつながせた。

【クレヨンと綿棒で描く】

1人できたら、クレヨンで色をぬらせた。「秘密の綿棒！」と言って見せ、「クレヨンをこうやって伸ばすと、ほらきれい」とやり方を見せると、初めてのやり方に、どの子も興味津々。集中して取り組むことができ、1人をじっくり完成させた。顔などさらに細かい所は、色鉛筆

（クーピー）を使うと、低学年でも細部まで丁寧にぬることができた。

　水中じゃんけんの相手も描き、色をぬらせた。この先は、「どんな子がいる？」と聞き、「泳いでいる子」「もぐっている子」「水から体が出ている子」など、いろいろ発表させ、イメージを膨らませてから行った。周りの人も同じように色をつけていった。

第3幕
背景を描く（45分）

　いくつか背景の描き方を紹介する（下図）。子どもの実態を考えて描きやすいものを選んで描かせるとよい。左がスパッタリングで水のしぶきを描いたもの。中央は、綿棒を使って水のあわを描いた。右は、雲の形に切った画用紙にクレヨンで描き、ティッシュで伸ばしてぼかしたものである。「海でもいいよ」と言うと、海の生き物を楽しく描くことができた。

作品を掲示したもの

6 体を動かすのが大好き―作品づくり作戦　　5時間

19「力いっぱい跳んだよ」
〜スポーツテストを描く〜

田中　裕美

　動きのある人を描くというのは、子どもたちにとって非常に難しいことだ。何も指導せずに人を描かせると、棒人間かお人形さんになってしまう。
　「ジャンプしている自分を描くことができた」という事実は大きな自信につながる。ひとつひとつのパーツを確かめながらていねいに進めたい。

◆ 準備物
・色画用紙（四つ切り、うすい灰色、うすい水色、うすい桃色など）・クレヨン

◆ 指導の流れ

第1幕
顔を描く（45分）

　スポーツテストが終わったらすぐ、または立ちはばとびの練習をしたあとにすぐ描かせたい。
　「立ちはばとび、みんなすごくがんばってとんだね」
　「『えいっ』と力を入れてとんだね」
　話をしながら、高く遠くへとぼうと手や足に力を入れたことを思い出させる。
　「一番高くとび上がったときの絵を描きます」
　描き始める前に、顔の向きを決めさせる。どちら向きにとんでいるかで変わってくるからだ。

　まず鼻はどちらかにかたむけて描く。
　クレヨンの色はこげちゃ。
　「鼻から描きます。真ん中より少し上の方に描きます。ここに描こうと思ったところに指を置きます」最初の位置を一人ずつチェックする。

鼻→目（目玉は描かない）→まゆ毛→口→輪郭→耳→赤白帽子→髪の毛の順で描いていく。顔の大きさはじゃんけんのパーぐらいの大きさになるように描く。

第2幕
体を描く（45分）

胴体→手・つなぐ→足・つなぐ→体操服の順に描いていく。
頭と胴体がまっすぐにならないようにする。

「この中でピーンとまっすぐになってしまっているのはどれでしょうか」頭と体が「く」の字の形やその反対に曲がっている方がとんでいる感じがでることを教える。

手の描き方は、てのひらの○の形→指の順。

手を描く位置は上の方で、高さが同じにならないように描く。

「こんなにピーンとまっすぐな棒のようなロボットの手はやめてね」

つなぐときに大事なのは①肩から②柔らかく「ぐーんと曲げて肩から描きます。」

まず一方の手だけ描かせる。次に、もう片方の手を描く前にも位置を確認する。

足の位置は下から5〜10cmぐらいあけて描く。

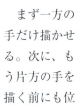

「ジャンプしているところだから一番下についてしまわないようにします」

「なるべく遠くに描きます」
「どこに描くか指で押さえて見せてください」
最後に体操服を描く。

第3幕
顔をぬる（45分）

　色をぬるときはクレヨンを短く折ったものを横にして使う。
　下絵の線をふまないようにぬる。言葉で言うだけではわからないので、実際にやって見せる。
　使う色は、黄土色、茶色、黄色など。
　ほっぺたは、赤、だいだい。
　唇は、黄土色、ももいろ、だいだい。
　いずれも綿棒でくるくると「お化粧」する。

第4幕
体をぬる（45分）

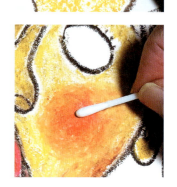

　手、足は黄土色、茶色。
　体操服は、今回はシャツが白。ズボンはあいいろなので、青、群青、茶色をまぜた。

第5幕
仕上げ（目玉と地面）、鑑賞会（45分）

「ジャンプしたとき、どこを見ていましたか」

自分がどこを見てとんでいるかわかるように目玉を入れる。

最後にこげちゃ、茶色、黄土色、黒（うすく）などで地面をかく。

影の部分を表すことでジャンプしている（空中に浮いている）ことがはっきりとわかるようにする。

鑑賞会では、友達の絵を見ながら、いいところをみつけて発表する。

「すごく手がのびていていっぱいとんでいる」「足がまがっていて高くとんでいる」「いっしょうけんめいとんでいるのがわかる」自分の絵も友達の絵もみんなで認め合い学級が温かい雰囲気になる。

6 体を動かすのが大好き—作品づくり作戦　　5時間

20 「いもほりは楽しいね」
～生活科の体験を描く～

中桐　信哉

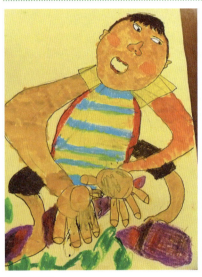

　低学年の子どもたちはいもほりをとても楽しみにしている。しかし、絵を描かせると小さないもになったり、人間が小さな人形のようになりがちだ。いもをほった時の感動がよみがえるように、大きないもを描かせる方法がある。

・中心となるいもを鉛筆で画用紙の下3分の1に大きく描く。
・いもを持つ手を鉛筆で描き、持っていない部分から着色する。
・ほぼクレパスだけでできるので準備も簡単で短時間でできる。（2年生作品）

◆ 準備物

・クリーム色の画用紙（四つ切りから八つ切り）・かきかたえんぴつ　・クレパス
・汚れふき取り用のガーゼ　・綿棒

◆ 指導手順

第1幕
いもをほる（45分）

　学習園で育てたさつまいもを収穫する。そのとき、必ず、ほりたてのいもを両手でつかませて、感触を全員の子どもに体験させたい。休んでいる子の分は少し残しておいて、後日、いもほりを体験させるとよい。

第2幕
いもを描く（45分）

「ほりたてのさつまいもの色にはどんな色がありましたか」と問いかけ、出てきた色を黒板に書く。赤、茶、紫、黄、こげ茶、ピンク、黒、黄土。

「自分たちのグループがほったいもの中で、一番大きかったいもの形を、指で描いてごらん」一番

大きいという言葉を入れても、小さく描く子がいる。ここで見つけ出して「もっと大きく描くんだよ」と声をかける。各自、指でそれぞれのいもの形を、空描きさせる。

（黒板に画用紙を貼って示しながら）「画用紙の下3分の1より下のところに、鉛筆でうすく、大きないもをかきなさい」と指示する。それでも小さないもを描く子が何人もいる。もっと大きく、もっともっと大きく、と机を回っていった。

「画用紙を反対に向けなさい。左手で（左利きの子は右手で）ふでばこをつかん

でごらん。画用紙を反対にしたままで、いもをつかんでいる手を、茶色のクレパスで描きなさい」

ここで「先生これでいい？」の大合唱になってしまった。酒

井式レッスンシートを配って手の描き方を指導してからにすればよかった。その後、反対の手も描かせた。

〈いもを着色する〉

画用紙の向きを元に戻させて「手で隠れていないいもの線を、

茶色のクレパスでしっかりとなぞりなさい」「今、つかんでいるいもの色をぬります。ほりたてのいもの色のクレパスを2cmぐらいに折って、このように少しずつぬっていきます」この時に、左下のようにはっきりと境界のある状態でぬってしまう子が出てくる。そこで「綿棒でお化粧しなさい」と指導した。すると右下のように境界がぼかされてなめらかになる。離席が当たり前で教室にいることも少なかったＡ君も「次どうすんの？」「先生これでいい？」と聞いてくるようになった。図工の時間だけは休み時間が終わるとすっと着席した。そのことに支援担任の先生も驚いていた。好き勝手ばかりしていた子だったが「指示通りに描くと上手に描ける」と学んだことで授業に参加するようになっていった。

第3幕
自分の顔を描く （45分）

画用紙の右上か、左上に、自分の手をパーにして置きなさい。茶色のクレパスで、置いた手をどけて、斜めに鼻を描きなさい。鼻、口、目、眉、耳、あご、髪、の酒井式の順に、顔を描かせた。

「描いた顔を、着色しなさい」肌色、黄土色、ピンク色など、着色する色のクレパス

を、2cmほどに折らせる。黄土色をぬり線を越えないように指示する。「少し隙間があっても大丈夫だよ」と声をかけると安心して取り組む。右のように少し隙間があっても綿棒でこするときれいになる。綿棒が大人気になった。

2学期 「2学期の題材」―モデル作品＆指導手順

〈手の着色をする〉

「いもを持つ手を着色しなさい」先と同じで線を越えないように指示する。関節に気をつけながら、着色するようにする。

第4幕
体と腕を描く（45分）

〈体と腕のあたりをつける〉

えんぴつで体の位置と腕の位置を薄く描かせる。この時に「肩から腕が伸びていくんだよ」「腕がはみ出してもいいよ」と声をかける。2年生で幼い子の場合、体の中央から腕が伸びてくる場合がある。体のあたりを付けたときに肩の場所を指で押さえて確認させた。

〈腕と服の着色〉

腕は黄土色や肌色などで手を同じように描かせた。服は好きなように描かせた。体操服の場合も画用紙がクリーム色なのでよく見えた。

第5幕
足と葉を描く（45分）

靴を描き、下半身とつなぐようにする。着色は同じ。葉はさつまいもとつながるように描かせた。出来上がった作品を子どもたちは何度も見返していた。

参考：インターネットランド神谷祐子氏「いもほり」№598554　追試
酒井式人物つなぎレッスンシート1（いもほり）http://www.tos-land.net/teaching_material/contents/1085

7 こんな国語のお勉強をしたよ―読書感想画作品づくり作戦　5〜6時間

21 「花いっぱいになあれ」
〜作品展にもぴったりの教科書教材〜

神谷　祐子

　教科書教材なので、国語の時間にしっかり物語の内容を学習している。このお話の色彩豊かな場面を、子どもたちはわくわくしながら絵の具とクレヨンのコラボで表現していく。また、言葉で感想を表現しにくい子も、絵でお話の楽しさを表現できる。絵画展でみんなの作品が並んだときは壮観。ぜひ、挑戦したいシナリオだ。

　このシナリオで体験・獲得させたい造形力は、逆さ顔、大小、絵の具での彩色（風船と空）、クレヨンでの彩色（人物）、物語の細部を絵で表現すること。

　子どもたちは絵の中に自分を描くことで、風船を飛ばしているときの気持ちを思い浮かべながら描いていた。

◆ 準備物

・白画用紙（四つ切り）・クレヨン（クレパス）・絵の具セット・綿棒・鉛筆
・油性マーカーペン（黒）・カラーペンまたは油性の色鉛筆

◆ 指導計画（全6時間）

第1幕　クレヨンで風船を描いて、絵の具で彩色する。
第2幕　風船を仕上げて、別の紙で逆さ顔の練習を一度行う。
第3幕　一人目の逆さ顔の人物を描いて、彩色する。
第4幕　二人目（三人目）の逆さ顔の人物を描いて、彩色する。
第5幕　空を絵の具でぬって仕上げ、風船のひもと手紙を描く。
第6幕　作品鑑賞会を行う。

第1幕
クレヨンで風船を描いて、絵の具で彩色する (45分)

1 画用紙の下4分の1くらいのところに、鉛筆でうすく線を引く。
2 風船を下書きするクレヨンの色を決める。（ピンク、黄、水、紫、黄緑　等）
3 だいたい、10〜12個程度、風船を下書きする。（大3個、中3個、小4〜6個）
4 絵の具の色を3色決めて、彩色する。

T：今日は、国語の時間に学習した「花いっぱいになあれ」のお話の絵を描きます。先生が作品を見せるから、上手に描く秘密を発見してね。
T：風船の数はどれくらいですか？
T：風船の大きさや向きはどうなっていますか？
T：風船が重なっているところや、画面からはみ出しているのはありますか？
T：風船の色は、何色を使っていますか？
T：風船の白いところは、どんな形になっていますか？

子どもたちにたくさん発見させながら、注意点を確認していく。

T：たくさん、上手に描く秘密を発見したね。では、まず指で画用紙の半分のところにそっと線を引いてごらん。次にその下のまた半分のところに、指で線を引きます。次は、鉛筆でうすーく線を引いてごらん。

T：下書きのクレヨンの色が決まった人は、上に上げて。さて、先生みたいに、大きな風船、中くらいの風船、小さい風船、と言いながら、描いていきます。重なり、はみ出しも、かならず入れていってね。

T：風船の白く残しておきたいところは、白いクレヨ

ンでぬっておきます。すると、あとで絵の具をぬったときに、はじいて白く残ります。

T：次は色をぬります。絵の具の小さい部屋に3つの色を出します。それを、広いお部屋で溶いて、そっと絵の具を置くようにぬっていきます。

第2幕
風船を仕上げて、逆さ顔の練習を行う（45分）

1　カラーペンか油性の色鉛筆で風船のひもと手紙を描く。
2　違う紙に逆さ顔の練習を行う。

T：カラーペンで風船のひもを描きます。その先についているのは？　そう、手紙ですね。手紙も描いて、風船を仕上げます。

T：今日は、逆さ顔の練習をします。これは、けっして画用紙を反対に向けてはいけませんよ。ちょっと難しいと感じる人もいるから一度、逆さ顔の描き方を練習します。（子どもたちがすでに学習済みの時は練習はしない）

逆さ顔を描く　　　　　　　　手と体をつなぐ

手を描く

第3、4幕
逆さ顔を描いて、クレヨンで彩色する（45分×2）

1　油性のマーカーペンで、逆さ顔の人物を描く。
2　クレヨンで彩色する。
T：クレヨンで彩色するとき、下書きの線の少し内側にぬります。後で、綿棒でその隙間をなぞると、きれいにぬれますよ。

第5幕
絵の具で空の彩色と仕上げ（45分）

T：空の色をぬって仕上げます。空の色は風船の色に合わせて一番きれいに見える色を選びます。分からないときは、先生に聞いてね。（青、黄、紫、黄緑、朱など）
T：絵の具の太い筆を2本用意します。最初から、パレットの広いところに絵の具を入れて、たっぷり水を入れてうすめのジュースの濃さに溶きます。絵の具をつけた筆で色をぬったら、すぐに、水をつけた筆でのばして彩色します。
T：絵の具が乾いたら、風船のひもと手紙を描いて仕上げます。

7 こんな国語のお勉強をしたよ―読書感想画作品づくり作戦　6時間

22「さるかに合戦」

～昔話を楽しく描く～

塩苅　有紀

　最近の子どもたちは、驚くほど昔話を知らない。昔話を読み聞かせてもらった経験が少ないのだ。低学年のうちにたくさん昔話に親しんでもらいたい。そんな願いがあり、私は毎日、帰りの会で絵本の読み聞かせをしている。子どもたちはこの時間を楽しみにしていて、帰りの用意を素早く済ませて教師の周りに集まってくる。

　日本の昔話『さるかに合戦』に出てくる動物を伸び伸びと描ける方法がある。
・動きのある「さる」と「かに」の描き方を教える。
・クレヨンで着色した後、綿棒でこすり、美しく仕上げる。

　全員が上の写真のように、さるとかにがお話をしているような絵が描けた。（２年生作品）

◆ 準備物
・色画用紙（四つ切り）　・クレヨン　・綿棒　・新聞紙

◆ 指導の手順

第１幕
さるを描く（45分×2）

　まずお話を読み聞かせる。絵本もさまざまなものが出ているが、日本の昔話の雰囲気がよく表れている『さるとかに』（神沢利子作　赤羽末吉絵　銀河社）を選ん

だ。

　そして、「さるが柿の木に登って、かにと会話している場面を描きます」と言い、教師が描いた作品例をたくさん見せた。色画用紙（水色、クリーム色、薄紫色、桃色、若草色など）を選ばせ、さるの輪郭を描くクレヨンの色は黒以外の濃い色なら自由にした。

　初めに描くのは、さるの顔である。「鼻→口→目→輪郭→毛→耳」の順に描く。「鼻を少し傾けて描きます」「口は笑っている口、怒っている口、驚いている口、どれがいいかな」などと言いながら右のようにさまざまな表情を描いて見せた。「かたつむりの線がスタートしま～す。用意、スタート」と言って描かせ、できたら「かわいい！」「いい顔！」と大いにほめた。その後、目や口の周りを囲むように輪郭を描き、さらにその外側の毛の部分を描く。毛のはね具合もさまざまに見せた。画用紙にドーンと大きく顔を描く子どももいたが、「それもよし」として、ほめた。

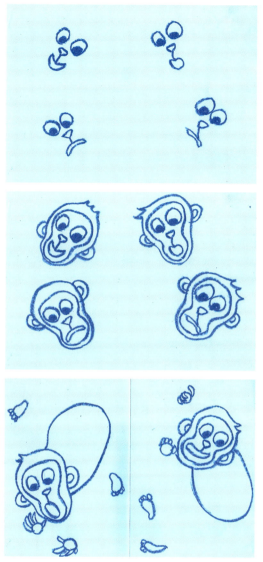

　顔の向きと同じにならないように胴体を描き、手と足をバラバラに配置して描く。それから胴体とつないでいく。動きのある人物を描いたことのある子どもたちだったので、すんなりとできた。しっぽは描いても描かなくてもよしとした。

第2幕
木を描く（45分×2）

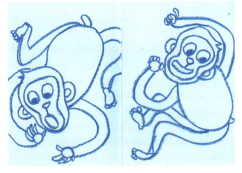

　さるとは別の色のクレヨンで木を描く。画用紙の端から端まで描くので、下に新聞紙を敷くとよい。クレヨンをポキンと折り、巻いてある紙を取る。そしてクレヨンを横に寝かせ、木が生えているように下から上へ伸びるように描いていく。ただし、垂直を排し、斜めにぐいっと曲がった感じや、さると重なる部分はクレヨンを浮かせて描くことをやってみせる。

　幹と太い枝を1、2本描いたところで、さるに着色させた。ぬる色は、茶系色と限定せず、色画用紙に映える色ならどんな色でもよしとした。まず顔の部分をぬらせ、綿棒でこすることを教えた。やってみせると、「わぁ、きれい」と歓声が上がった。限定した部分をぬっては綿棒でこするようにしたことで、雑にならず丁寧にぬり進めることができた。

　さるに着色した後で、木の枝を描き足した。また、木を描いたクレヨンと同系色のクレヨンで木の色を重ねぬりした。すると、味わいが出ていい感じになった。

第3幕
かにと背景を描き、仕上げる（45分×2）

　さるの輪郭を描いたのと同じ色のクレヨンを使ってかにを描く。まず、甲羅を描く。腹側でもよいし、背中側でもよい。次に目玉を描く。左右の目の大きさを少し変え、水平にならないようにすると動きが出る。そして、爪と足の先をバラバラに配置し、「ビヨーン、ビヨーン」と言いながら甲羅の部分とつないでいく。着色は赤系色に限定せず、自由に選ばせた。

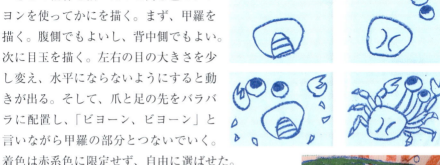

　木には細い枝を描き足し、柿の実も描く。赤く色づいた実やまだ熟していない実など、子どもたちなりに考えてぬっていた。

　背景に地平線や山並みを描く。線描に使ったクレヨンで地平線を描き、綿棒で色を伸ばすようにこする。最後に、さるとかにの目玉を黒くぬる。目に力が宿り、絵が引き締まる。

保護者も感激

　個別懇談会に来校した保護者が「みんな上手」「どれもかわいい」「2年生とは思えない」と口々に感激し、写真を撮る保護者もたくさんいた。

「3学期に描かせたいイベント」

　3学期は実質2か月半で、本当にあっという間に過ぎてしまいます。

　でも、大丈夫です。1学期、2学期と意図的、計画的に子どもたちに造形力をつけていると、子どもたちは集中して活動するので、短い時間でもすてきな作品がどんどんと出来上がります。

　せっかく子どもたちがこんなに力をつけたのですから、それを生かさない手はありません。

　1学期、2学期とすてきな作品を仕上げていく中で、子どもたちは自分たちの作品をまわりの人たちからたくさんほめてもらい自信をつけ、図工の時間が大好きになっています。また、それまでは、支援が必要であった子どもたちも、自力で制作することができるようになってきています。

　だから、真綿が水を吸収するように、子どもたちは新しい造形力を身につけていきます。

　新年を迎え、気分も新しくなった時に、今まで培った造形力をよりステップアップさせる作品に挑戦させたいものです。

　まずは、ちぎり絵です。

　手でちぎって作品を完成させるのは、日本のすばらしい文化の1つです。もちろん、特別支援を必要とする子どもなど、配慮を要するところもありますが、丁寧に指導してみてください。何度も練習していくうちに、子どもたちの中で確かな感覚が身についていきます。

　筆記具で描く絵と違った楽しさ、面白さが出て、その構成力や造形力がますます幅広く展開されてくることでしょう。学級の中でも、それまでとは違った子どもたちが、とびきり素敵な才能を発揮することがあります。

　「わー、○○ちゃんの作品、素敵だなあ」と友達の作品を新たな視点で鑑賞することもできます。

　3学期は新しい絵のスターを誕生させる絶好の機会です。

3学期

「3学期の題材」
―モデル作品 & 指導手順

8 紙をちぎって貼って楽しいね－ちぎり絵作品づくり作戦　　1時間
23 「干支で今年の目標を表そう」
～ちぎり絵で伝統文化活動～

田村　ちず子

毎年、めぐってくる干支。

日本古来の干支文化を子どもたちが身近に感じる新年、私はその年の干支を日本の伝統文化でもあるちぎり絵にして、目標を書き入れる活動を子どもたちとしてきた。「世界に一つのぼく・わたしの作品」は楽しい掲示物としてはもちろん、教師にとって、子どもたち一人ひとりの達成目標を意識した学級指導がしやすい。

1．見本を見て作り方の手順を知る

「かわいい、作りたい」の声を大事にする。

◆ 準備物

・二色の色画用紙　……組み合わせの例を数種類用意する。
体用「クリーム、ピンク、黄土色」等八つ切り　髪の毛・手足用「こげ茶」（Ａ４半分ぐらい）・黒のネームペン・糊

2．頭部を作る

大きさや形に悩んでいる子には、教師が鉛筆で薄く書いてやり、なぞらせる。（子どもとの関係づくり）

①色画用紙を選ぶ
②八つ切り半分の大きさの画用紙に頭部の輪郭を鉛筆で書く。
③両手の指を近づけてゆっくりと鉛筆の線をちぎる。（ずれてもよい）

耳は後で別の紙をちぎって貼る。

上から下にちぎる。プリントの残り等で練習しておく。

④こげ茶の画用紙で髪の毛と耳を作る。

一番難しいところなので、一人ひとり点検し、上手な子はほめ、手直しが必要な子にはアドバイスをする。

顔に当てて、髪や耳をかく。

顔の上にのせてみる。

「ゆっくり、ゆっくり。」　　「サルになってきた」思わず出た声。

輪郭の外側にしっかりと糊をつける。

「耳はどこにしようかな」

⑤顔の部品を作る。　目、口、鼻、ほっぺ……色を考え、大きさや向き、高さを考えて貼る。

　隣同士で見せ合う時間をとったり、工夫がみられる子どもの作品を紹介した。子どもたちは「○○ちゃんの目の色がいい」「○○ちゃんの大きい目がかわいい」等、友達のいいところを参考にした。

3．胴体を作る

鉛筆で輪郭を書く

　⇒ちぎる

　（鉛筆の線どおりにちぎれなくても気にしない）　両手の親指を近づけてちぎる。

4．頭部と胴体を組み立てる

　貼り合わせるところに鉛筆で印をつける。頭部と胴体は一直線に貼り合わせない。

　（動きを出すため）

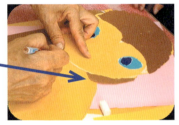

5．手足を作り胴体に貼る

手足は、鉛筆で書いてからちぎってもいいし、大体の形を思い浮かべながら、フリーハンドでちぎってもよい。実態に応じて、子どもに任せるとよい。貼る前には、手足やしっぽをいろいろ動かしてみて位置を決めて貼る。

6．目標を書き入れる

ちょっと字が薄いね。上からもう一度なぞるといいよ。

名前、忘れずにね。

　一人ひとりに必要なアドバイスをし、達成感を持たせる。

7. 作品紹介と目標の発表をする

　一人ひとり、自分の作品をもって目標を発表し、ほかの子どもは干支の作品のいいところを見つけて発表する。この活動をすると子どもたちは、「座っているサルがかわいいです」「左を見ている目がかわいいです」「鼻の穴がいいです」「大きな口がサルらしいです」「水色の目がいいです」等々、どんどん発表するので、たっぷりと1時間の時間保証が必要だ。発表の仕方のいいところを見つけてほめていくと、他の子どもたちもまねて発表するようになり、言語力の向上にもつながる。

〈子どもたちの作品〉

　発表後、後ろの黒板に掲示しておくと、発表会の時には見つけられなかったことを見つけ、後から教師に教えてくれたり、「○○君、目標をがんばっているね」と声をかけたりした。いいことずくめの干支の貼り絵は、一度実践すると、次の年もまた、取り組みたくなる。

8 紙をちぎって貼って楽しいねーちぎり絵作品づくり作戦　5〜6時間

24 「おむすびころりん」

〜学芸会で自分だけのペープサートづくり〜

勇　和代

　1年生の国語教材に「おむすびころりん」がある。子どもたちが大好きな昔話の一つだ。

　学芸会で行うオペレッタでも、おむすびころりんはもってこいの教材である。そこで使うねずみのペープサートを「ちぎり絵」で作る方法を紹介する。

　ちぎり絵には、次のような良さがある。
・何度も並べ替えができること。
・失敗してもその部品だけ作り直せること。
・手でちぎることで、作品の輪郭がはさみで切ったのとは違う温かみがでること。

　ペープサートを動かすことで1年生ならではのかわいい表情や動きが出せる。

　また「ちぎる」という作業は、手の巧緻性を高める。手は第二の脳と言われるように、手先を使うことで脳を発達させる。「ちぎり」は、子どもたちの脳の発達にも大切な作業なのである。

　また、ちぎりの文化は日本独自のものである。低学年の時からちぎる作業をたっぷりと経験し、ちぎりの良さを継承していきたい。

◆ 準備物
・色画用紙 八つ切り（黒・灰色など）・色紙（小さいサイズ）・和紙・糊
・はさみ・鉛筆・割りばし・セロハンテープ・新聞紙

◆ 指導手順

第1幕
ねずみの顔を作る（45分×2）

八つ切り色画用紙

まず、自分のねずみを何色にしたいか選ぶ。そして、八つ切り画用紙を分割して「顔用」「手足用」「胴体・しっぽ用」にする。

まずは、顔を作る。顔の大きさは、子どもの手のひらを広げたくらいの大きさとする。鉛筆で輪郭を描いた後、ちぎりやすいように余分な部分をはさみでカットする。

そして、ゆっくりと線に沿ってちぎっていく。

顔ができたら、耳や目、鼻や口の部品を作る。
耳は、丸く大きくするとねずみらしくできる。
また、目や口は何度も並べ替えていろいろな置き方をさせてみる。ちょっと変えるだけで「表情」が変わるからである。

笑っているねずみや驚いているねずみ、ウインクしているねずみなど、さまざまだ。顔ができると、子どもたちはとても喜ぶ。自分のねずみ！という気持ちが一気に生まれてくる。

第2幕
胴体と手足・しっぽを作る（45分×2）

次の時間は、胴体と手足・しっぽを作る。

胴体は、顔よりもサイズが大きくなる。小さすぎると、ペープサートにしたときの迫力が低下するので、鉛筆で下書きをさせて大きさを点検するとよい。

胴体も、ちぎりやすいように端ははさみでカットしてからちぎるようにする。

紙が大きくなる分、小さな子どもの手ではちぎりにくくなるため、難しそうな子へは支援をする。

次に手足を作る。

手足はドラえもんの手のように手のひらは丸くし、腕は長細くすると簡単にできる。

足やしっぽなど、部品が増えてくる。

無くさないように裏に名前を書かせ、透明ファイルに入れて保管するとよい。

第3幕
動きを考え貼り付ける・服を着せる（45分）

絵に描くと一度で構図が決まってしまうが、ちぎり絵は何度も並べ替えることができる。これがちぎり絵の最も優れた良さである。

ねずみの動き（手足の向き）を手足の部品を並べて置き、配置させる。そして、一番気に入ったところで糊付けさせる。

このような並べ替えで、子どもたちは「造形」も学ぶことができる。

またねずみの服には、和紙を用意する。

子どもたちに気に入った柄を選ばせ、チョッキのような形にちぎってねずみに着せると簡単にできる。感心したのは、和紙を裏にしてねずみに当て、大きさを調整している子がいたことだ。ほめてみんなでまねをした。

最後に裏面に棒をつける。割りばしを割って1本ずつにし、長さを調節しながらセロハンテープで留めると完成である。

3学期　「3学期の題材」―モデル作品＆指導手順

　今までにクラス全員で、あるいは学年全体でこのオペレッタを行ったことがある。1年の締めくくりの学芸会や新しい1年生を迎える入学式で行った。大きな発表の場であるために、子どもたちは緊張してしまう。
　しかし、自分が作ったペープサートを握っているといっしょうけんめいできた。ねずみは、自分の体の後ろに隠して持っていて、「おむすびころりんすっとんとん」とねずみが登場するときに一気に出すと、参観者から「お〜」という声が起こった。

子どもたちは、喜んで台詞を言い動きで表現したことは言うまでもない。
　ねずみを作ることは、この物語の「ねずみの国」を表すのにとても重要だ。
　そしてそれをちぎり絵で作れば、昔話の雰囲気まで表現できるのである。

9 こんな動きもできるんだよ―版画作品づくり作戦 6時間

25「地域の名産品を食べたよ」
～色つき紙版画でつくろう～

井上　和子

　低学年、特に2年生の生活科は校区を探検したり、施設を訪問したりと地域と密接に関わっている。校区を探検する中で、地域の名産品を見たり、触れたりすることもある。

　勤務校は農作地帯にあり、農業に携わっている家庭も多い。いちごやみかん、ぶどうなども出荷している。子どもたちは地域で採れる美味しい農作物を自慢に思っている。

　この自慢の地域の名産品を紙版画で楽しく表現する方法がある。
・版を作るのは顔と手だけなので短時間で作ることができる。
・果物の実は直接紙にスタンピングしてもよいし、貼ることもできる。
・顔と手の白黒と実の色の組み合わせを楽しむことができる。

◆ 準備物
・画用紙（八つ切り）　・色画用紙（八つ切りの半分）　・はさみ　・糊
・版画用インク（黒）　・版画用紙　・新聞紙　・スチレン
・ポスターカラー（赤、黄、紫、緑など）

◆ 指導の手順

第1幕
顔と手を作る（45分×3）

　子どもたちに見本作品を見せながら「お家や家の近くで作っているものはありますか」と尋ねると「いちご」「みかん」「トマト」と元気な声が返ってきた。「それって美味しい？」と問うと「美味しい！」「大好き！」と力強い声が響いた。「そう、美味しいんだね。みんなの美味しいっていう気持ちが分かる紙版画を作ろうね」と話すと、どの子も嬉しそうに大きく頷いた。

　色画用紙（色は自由）を配る。「画用紙に鉛筆で顔の輪郭を描きます。できるだけ大きく描きます。描けたら先生に見せます。合格の子から指でちぎります」合格した子はゆっくりと親指と人差し指でちぎっていた。「色画用紙の余ったところで耳を作りましょう」2つの耳も指でちぎる。子どもたちは「ちぎるのって難しい」「うまくできんな」「指が動かん」などと言いながら集中して指を動かしていた。

　次に画用紙を配る。顔の部品を次の順に作る。①鼻　②白目　③眉毛　④唇2枚　⑤頬　⑥鼻の穴　⑦黒目（色画用紙）　⑧髪の毛

　細かい部品ははさみで切った。顔の全部品がちぎれたら、貼りつけていく。黒板で実演しながら「顔に部品を貼ります。まずは部品をいろいろと置いてみます。1番美味しそうな顔に置いたら先生を呼びます。先生が合

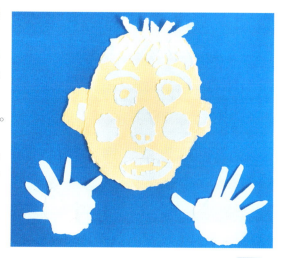

格と言ったら貼ります」と説明した。子どもたちは「美味しそうな顔にしなくっちゃね」「口を大きく開けようかな」などと相談しながら部品を置いていた。「合格したら、糊を部品の裏全部につけてしっかりと貼ります。少しだと、インクをつけているときにはがれてしまいますよ」糊を裏全面につけることを強調する。

　顔が完成したら、手を作る。指でちぎっても、はさみで切ってもよい。手のひらと5本の指を別々に作り、貼り合わせる。

第2幕
顔と手を刷る（45分×2）

　できた顔と手をどこに置くか、配置を考える。「どんな風に果物を食べているか、ちょっとやってみよう」と動作化させた。自分の動きに合わせて、顔と手を置かせた。その時、指を動きに合わせて折らせた。指の折りや位置が決まったら刷る。版にインクをつけるのは教師が行う。2枚刷った。2枚目は、1枚目を見て顔や手の位置を変えて刷った子もいた。

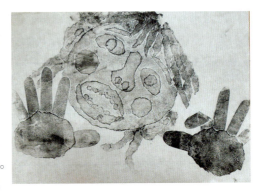

第3幕
スタンピングする（45分）

　事前準備としてに教師が実の型を作っておく。厚めのスチレンで作る。厚紙で持つところを作り、型に貼り付

（みかん）　（いちご）　（ぶどう）

けた。持ち手をつけると、スタンピングのときにしっかりと型を紙に押しつけることができ、きれいにインクがつく。

3学期 「3学期の題材」―モデル作品 & 指導手順

　教卓の周りに子どもたちを集め、スタンピングの仕方を説明した。「この実に筆でポスターカラーをつけます。ゆっくりと顔と手を刷った紙に押しつけます。そしてゆっくりと紙から離します。サッと急ぐと失敗しちゃうからね」綺麗にスタンピングできた実を見て子どもたちは驚いていた。

　「実を手で挟んだり、顔の上に重ねたりしたい子は、別の紙に作った実を貼ります」教師は事前にたくさんの実をスタンピングしておき、子どもたちに自由に使わせる。実の数を増やしたい子は配置を考えながら貼り付けていた。

　仕上げにいちごの種や葉をポスターカラーで描き込んだ。

　台紙に貼って完成。完成した作品を子どもたちと鑑賞した。「みんな上手だね」「美味しそうに食べてる」「私も食べたい」「ぼくも」と全員がにこにこ笑顔で自分の作品に満足していた。

　卒業式のとき、廊下に作品を掲示した。保護者や来賓が足を止めて「上手だね」「かわいいね」「美味しそうに食べているね」と熱心に見てくれた。

115

9 こんな動きもできるんだよ—版画作品づくり作戦　　5時間

26「音楽会はドキドキだね」
〜スチレン版画でつくろう〜

寺田　真紀子

　「音楽会、お家の人のまえでドキドキしたよ」「一生懸命鍵盤ハーモニカを演奏したよ」そんな会話が聞こえてきそうな作品。音楽会で鍵盤ハーモニカを演奏しているところをスチレン版画で表そう。

◆ 準備物
スチレン版セット（教材セットで販売されている。和紙も含む）・カッター・カッター板・版画インク・ローラー・バレン・カラーペン・コピー用紙・鉛筆

◆ 指導計画（計5時間）
第1幕　下書きをする
第2幕　下書きをスチレン版に写す
第3幕　スチレン版を彫る
第4幕　カッターで周りを切り取る
第5幕　刷って完成

◆ 授業の流れ

第1幕
下書きをする（45分）

T：昨日の音楽会、とっても上手でした。
C：ぼく、鍵盤ハーモニカ頑張ったよ。
C：ドキドキした〜。

> 今から、みんなが頑張った鍵盤ハーモニカを吹いているところを絵に描きます。「スチレン版画」っていう版画にします。

　見本を見せる。下書き用の紙を配布。

3学期 「3学期の題材」―モデル作品 & 指導手順

はじめに鍵盤ハーモニカを描きます。どこに描こうかな？ 描こうと思うところに指差してごらん。

　黒板に画用紙を5枚貼り、実際に鍵盤ハーモニカをいろいろな形に置いてみて例示する。

　そして下書き用のコピー用紙に鉛筆で鍵盤ハーモニカを描く。黒鍵盤の部分は黒くぬらないで周りだけ描くようにする。

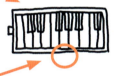

　鍵盤に重なるようにして丸を描き、弾いている指を描く。

　鼻→上唇→吹き口・ホース→目・眉→輪郭→髪の毛・耳の酒井式顔の描き方で顔を描く。

　顔の線と一直線にならないように胴体を描き、つなげる。

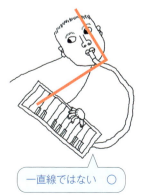

顔の線と一直線　△　　　一直線ではない　○

117

第2幕
スチレン版に写す（45分）

下書きの絵を見ながら、スチレン版にペンで写す。このとき、ペンで凹みがつかないようにやさしく。いろいろペンを試してみたがサクラの「カラーペン」がお薦め。

間違った場合は手でこすると凹まずに消える。

第3幕
スチレン版を彫る（45分）

ボールペンのように先が尖っているもの（教材セット付属のものでもよい）で下絵の線の上に凹みをつける。この作業は子どもたちはとても集中する。「いいね」「その調子」とどんどんほめる。

第4幕
カッターで周りを切り取る（45分）

版画の最大の魅力は「黒と白の対比」である。
どこを白くするか。この題材の場合はバックが良い。

> どこを切り取るか、黒ペンで印をつけます。

切り取る部分に印をつけておかないと、黒く残す部分までカッターで切り取る子が出てくるからである。

広い部分を切り取る時は、写真のように少しずつ切り取るようにする。

カッターの使い方も含め、子どもたちを前に呼んで実演して見せよう。

> 青い範囲をいきなり全部切り取らず、少しずつ切るようにする。

切り取った状態→

第5幕
刷って完成（45分）

刷る時のポイント。
一度全面にインクをつけて紙をのせバレンで伸ばす。その後、

> 紙を半分までめくってインクを2度付け

である。
どうしてもうすくなる部分が出てくるがインクを2度付けすることでしっかりと刷ることができる。
赤・紺・濃い緑など濃い色の台紙に貼って完成。
スチレン版画は他の版画よりも数倍簡単に表現することができる。「音楽会、楽しかった！」「鍵盤ハーモニカ、がんばったよ」という子どもたちの思いをぜひスチレン版画で表現していただきたい。

2 こんな動きもできるんだよ―版画作品づくり作戦　6〜7時間

27「小学校へようこそ」
〜新1年生に学校行事を版画で伝えよう〜

佐々木　智穂

　1年生ももうすぐ終わる3学期、楽しかった学校行事を紙版画で表す。子どもたちはどんな体験を伝えようか考えていた。「学習発表会がいいよ」「ぼくは運動会かなあ」ここでは学習発表会や生活科で遊んだ昔あそびなどの経験を作品づくりに生かす方法を紹介する。紙版画を作るときは白い画用紙だけでなく色画用紙も使って貼った部分がよくわかるようにした。刷り上がった作品は教室に掲示をしておいて、新1年生を迎える飾りとした。（1年生作品）

◆ 準備物

・色画用紙　・必要に応じて片波段ボールなどの質感のある素材　・はさみ
・液状糊　・版画用紙　・版画インク　・ローラー　・練板　・バレン
・新聞紙などの糊付け用の紙

◆ 指導の手順

第1幕
どの行事を表現するか決め自分の顔を作る（45分×2）

　「もうすぐみんなも2年生。お兄さんお姉さんになるね。1年間楽しかったかな」「楽しかった！」「では、楽しかった思い出を版画に表して、新1年生に伝えようね」そして、どんな行事を伝えたいかを考えさせた。「私は学習発表会にしたい」

「遠足も楽しかったよ」「そうだね。他に生活科で楽しかったことはないかな」「みんなで食べたとうきびがおいしかったよね」「昔あそびも楽しかった」このようにいろいろ出てきた。作りたい行事が決まったら、「自分」から作る。

「まず自分の顔から作ります。画用紙をちぎって形を作ってもいいし、はさみで切ってもいいですよ」「先生、うまくちぎれないよ」「爪と爪をあわせるようにゆっくりやってごらん」ちぎるのは大変だが、顔の柔らかい感じが出せる。また、はさみで切るとスパッとしたシャープな線が表現できる。それぞれに良さがある。顔ができたら、鼻、口、目、眉、耳、髪の毛と作る。

顔のパーツを作るときは、白い紙に白い部品を貼ってもよくわからないので、色画用紙を使う。

顔の部品が全部できてもすぐには貼らない。「部品をいろいろに動かしてみましょう。いろいろ表情が変わるでしょう」「あ、ニコニコ顔になった！」「見て見て。怒った顔になったよ」子どもたちは福笑いのように動かし、楽しんでいた。

表情が決まったら糊付けをする。スティック糊でつけると印刷の時に部品がはがれてしまう時があるので、液状糊を使わせる。この時に糊付けの基本もしっかりと教える。「糊はね、真ん中にドバーっと出さないで、ちょっとはみ出すようにはじっこにつけるんだよ」そう言って糊用の当て紙も渡す。糊の付け方は図工の大切な技能である。しっかりと身につけさせたい。

完成した顔は、リサイクルの封筒などに名前を書いて入れ保管する。

糊用当て紙

第2幕
手と持つ物を作る（45分×2）

手は、自分の手を鉛筆でなぞらせてそれを切り取らせた。切り取った手には爪も付けさせた。物を持たせる時は、この手を折り曲げて貼ればよい。

「学習発表会をえらんだ皆さんは楽器を作りますよ。鍵盤ハーモニカの人は鍵盤を一つ一つ土台に貼っていこう

ね」「とうきびはどうやって作ろうかな」「梱包するときのプチプチビニールを使ったらいいんじゃない」「いいね！」こんなふうに子どもたちとやり取りをしながら、手に持たせる物を作る。これも色画用紙を使いながら、張り付けた部品がわかるように作る。

第3幕
腕と体を作って合体させる（45分）

顔と手、物だけで終了してもよいが、バラバラになったら刷るときに大変そうなときには体と腕を作らせる。それを机の上でいろいろに動かしてみる。この時、作品が机の大きさに収まるように並べさせると、刷ったときに版画用紙に収まる。

決まったら糊付けする。写真のようにあやとりの場合は毛糸にも糊をつけて貼っておく。

3学期 「3学期の題材」―モデル作品＆指導手順

太鼓をたたいている　　　　　　　トライアングルをたたいている

第4幕
版画用紙に印刷する（45分〜90分）

　「いよいよ印刷をしますよ」「顔が真っ黒になっちゃう〜」「楽しみ！」子どもたちはワクワクして順番を待った。インクをつけるのは教師が行い、バレンでこするのを子どもたちにやらせた。普通のバレンだけでなく、木製バレンも使うと、紙の厚さで上手く刷りが出ないところをきれいに出すことができる。

作品を掲示する

　完成した作品は行事ごとにタイトルをつけ、まとめて掲示をした。「みんな楽しそうだね」「上手だね」子どもたちは嬉しそうにみていた。この時はやらなかったのだが、色画用紙で吹き出しを作り「けんばんがんばったよ」などの子どものコメントを入れるとさらに楽しい掲示になる。

123

10 みんな大好きすてきな体験—作品づくり作戦　　7時間

28 「夢の自転車に乗って」

～交通安全指導とリンクさせて～

柴田　裕美子

　低学年の子どもたちにとって自転車に乗って自由に出かけることはちょっぴり大人になった気分。大好きな自転車に乗って空を飛んだり海にもぐったり夢の世界へのとびらを開けて冒険に行こう！

　しかし、自転車を描くことは至難のわざ！　それを可能にしたのが酒井臣吾先生の考案された「白い自転車に乗って」だ。むずかしいはずの自転車がすいすい描けてしまう。ここではホワイトペンではなく、田村ちず子先生が考案された低学年バージョンを修正追試したものを紹介する。

◆ 準備物

・白画用紙（四つ切りから八つ切り）・カラーペン（水性、油性どちらでもよい。色は黄色などうすい色以外）　・クレパス　・綿棒　・鉛筆　・黒の油性ペン　・型紙（自転車の後輪、前輪、小さな輪　大きさは画用紙に合わせて適当な大きさにする。目安は四つ切りの画用紙で後輪は直径16cm、前輪14cm、小さな輪、4cmくらい。　あくまでも目安である）

◆ 指導計画

第1時　　　自転車に乗って好きな場所に行くお話をする。
第2・3時　自転車、人物を描く。
第4・5時　自転車、人物に着色する。
第6・7時　背景を仕上げる。

3学期 「3学期の題材」―モデル作品＆指導手順

◆ 指導手順

自転車、人物を描く

- 自転車の方向を決める。型紙を使う場合は、後輪、小さな輪、前輪を進む方向に並べる。進む方向は、垂直水平を避けて、左上（図右）、左下、右上、右下の4つを教える。後輪と小さな輪（ペダルの部分）と前輪は間隔をあけて並べる。後輪と前輪は離したほうが描きやすい。

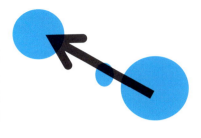

- 型紙が必要でない子どもは自分の力で後輪、小さな輪、前輪を描かせる。描くときはすべて「かたつむりの線」で描くようにする。

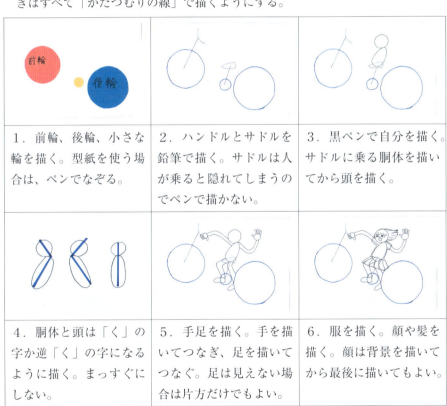

1．前輪、後輪、小さな輪を描く。型紙を使う場合は、ペンでなぞる。	2．ハンドルとサドルを鉛筆で描く。サドルは人が乗ると隠れてしまうのでペンで描かない。	3．黒ペンで自分を描く。サドルに乗る胴体を描いてから頭を描く。
4．胴体と頭は「く」の字か逆「く」の字になるように描く。まっすぐにしない。	5．手足を描く。手を描いてつなぎ、足を描いてつなぐ。足は見えない場合は片方だけでもよい。	6．服を描く。顔や髪を描く。顔は背景を描いてから最後に描いてもよい。

7．自転車を仕上げる

・後輪とサドル、ペダルを三角形になるようつなぐ。ハンドルの少し下から、サドルを支える棒に線を描き、もう一本は、小さな輪（ペダルのある場所）まで描く。どちらか1本でもよい。

・タイヤを三重円にする。タイヤが小さな子どもは外側に描く。大きな子どもは内側に描くようにする。
・スポークを描く。スポークの間隔は指2本分くらいあけるのが目安で、つめすぎない。

・タイヤの外側に凸凹（下左図）や、ぎざぎざ（下右図）を入れるとタイヤらしくなる。
部分完成法なので、タイヤは右と左を一つずつ仕上げていくようにする。

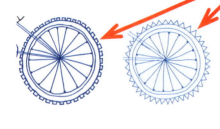

・ペダルのある小さな輪は好きな模様を描いてよい。

・後輪とペダルのある小さな輪はチェーンでつなぐと自転車らしくなる。

色をつける

・自転車と自分が描けたら、クレパスで色をつけていく。自転車は、サインペンの色とかけ離れた色ではなく、サインペンに近い色の濃淡で描く方が落ちついた色調になる。
・クレパスで色をつけたら、綿棒でのばしていく。細かい作業なので子ども一人一人を励ましていく。
・子どもの顔は、背景を描いた最後まで描かないでいてもよい。まわりの景色を描いてから、目を好きな方向に向けてもよいからだ。顔を横に傾けたり、逆さに向けたりすると生き生きとした感じになる。

背景を描く

・自転車の進む方向にはクレパスで転がしぬりをして道を作ってもよい。
・背景については、海の世界や虫の世界、お菓子の国など自分の行きたいところを描く。
・注意することは、背景のもの、例えば虫や動物などを大きく描きすぎないことである。あくまでも主役は自転車であるからである。

　この作品群は２年生の子どもたちが作品展に向けて描いたものである。どこに行きたいか考えて一生懸命に描いた。完成したときは、大満足であった。

10 みんな大好きすてきな体験―作品づくり作戦　4〜5時間

29 「マイバースデー」

〜すてきな創立記念日〜

神谷　祐子

　見本の絵を見せたとたん、子どもたちは「早く描きたい！」と目を輝かせる。子どもたちの思いに寄り添うシナリオだ。1年生もたいへん上手にケーキを描くことができた。

　このシナリオで体験・獲得させたい造形力は「ケーキ、人物の造形・クレヨンでの彩色・切り貼り法、配置」である。このシナリオを応用して、ケーキが飛び出す誕生日カードも作った。もう、子どもたちは大喜びで、家に帰ってから、何枚もカードを作ったり、他のカードに応用したりして、楽しんでいた。

◆ 準備物
・色画用紙（四つ切り、濃紺、濃緑、ダークブルー等）・クレヨン（クレパス）
・マーカーペン（黒）・厚口上質紙（白）・はさみ・糊・蛍光マーカー（黄・オレンジ）・綿棒

◆ 指導計画（全4時間）
第1幕　白上質紙にケーキの下書きをして、彩色する。（45分）
第2幕　自分とケーキを囲む人を描いて彩色する。（45分×2）
第3幕　ケーキと人物を切り取り、台紙に貼り付け仕上げる。（45分）
第4幕　作品鑑賞会を行う。

第1幕
ケーキの下書きをして、彩色する（45分）

> T：創立記念日は学校の誕生日でした。みなさんにも、先生にも誕生日がありますね。今日は夢のバースデーケーキを描きます。
> T：バースデーケーキには、どんな形がありますか？
> T：どんな果物やお菓子がありますか？
> T：どんな飾りやろうそくがありますか？
> T：夢のケーキですから、自由に描きます。先生の見本を見ながら描いてもいいです。今日はとびきり素敵なケーキを描きましょう。

発問によって、子どもたちの思いを大きく膨らませてから描かせる。丸いケーキ、ハート型のケーキ、2段ケーキ、キャラクターのケーキ、それぞれの子どもたちが自分の「夢のケーキ」

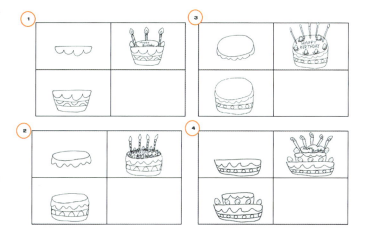

を思い浮かべたころに、さまざまな教師の見本を示しながら描かせるようにする。

T：サインペンで下書きをします。1つ1つゆっくりと描きます。自信のない人は、先生のレッスンシートを参考に描きます。

T：ろうそくの火は、まっすぐばかりではありませんね。いろいろと揺らしてみてごらん。

T：下書きができたら、クレヨンで色をぬります。ケーキの中で、薄い色から順番にぬります。

T：ろうそくの火は、後で蛍光マーカーでぬりますから、クレヨンではぬらないでね。

T：白いクリームは、そのままでもいいです。薄く、ピンクや黄色をぬってもいい

ですよ。
T：チョコレートのプレートは、別に描いて、あとで貼り付けてもいいです。
T：クレヨン（クレパス）でぬった後は、綿棒できれいになぞりましょう。

第2幕
自分とケーキを囲む人を描いて彩色する（45分×2）

人物の正面の顔、斜め横顔、横顔の練習を簡単に行う。

　　　正面向き　　　　　斜め横向き　　　　真横向き

練習が終わったら本番。
　まずは、自分の顔を上質紙に黒のマーカーペンで描く。

描く順番

| 正面と斜め横向き | 鼻→口→目→まつ毛→眉→輪郭→耳→髪の毛 |
| 真横向き | 輪郭→鼻→口→目→まつ毛→眉→耳→髪の毛 |

　1人分の下書きが終わったら、すぐに彩色する。
　ろうそくの光が当たる顔の部分に、まずは黄色のクレヨンで彩色する。その後は、黄土色、うす橙、橙、黄色（茶色）、を混色しながら彩色していく。下書きの線をはみ出さないように少し内側をぬり、後は綿棒で隙間の白い部分をなぞっていくときれいに仕上がる。

第3幕
ケーキと人物を切り取り、台紙に貼り付け仕上げる (45分)

はさみでの切り取り方
① 形の周りを大きくざっくりと切る。
② 線に沿って、線を切り取らないように線の外側ぎりぎりのところを切る。

糊のつけ方
① 糊下紙を当てる。
② 端っこにしっかりと糊づけして、はがれないようにする。

　はさみで切り取った後、台紙の上に当てながら、どの色の台紙が合うかを調べる。さまざまな配置を考えながら、自分の作品にぴったりの位置を決め、鉛筆で薄く印を入れた後、台紙にしっかりと貼り付ける。ケーキを置く台等、後で描き足したいものがあれば、随時、描いても良い。

子どもたちの作品

カード応用編

10 みんな大好きすてきな体験―作品づくり作戦　6時間

30 「木の祭り」

～体験活動で学んだ自然を作品にしよう～

神谷　祐子

　子どもたちは昆虫などの小動物が大好きである。休み時間も、昆虫図鑑を持ち出して自分たちが見つけた動物の名前を調べている。生活科で学習園を耕していても、彼らの意識はずっと小動物にいっている。

　この作品は、自然の中の顔に見える木の写真を見せたところ、自分たちも描く意欲があふれてきたようだった。そして、ホタル以外に好きな昆虫を描いていった。

　このシナリオで体験・獲得させたい造形力は「木の描き方、光の描き方、絵の具のぼかし、夜空の彩色」である。

◆ 準備物

・白画用紙（四つ切り）・クレヨン（クレパス）・マーカーペン（黒）・綿棒・絵の具セット・蛍光イエロー、オレンジのポスターカラー

◆ 指導計画（全6時間）

第1幕　木の幹と枝、花、ホタルの下書きを行う。
第2幕　ホタルと光の彩色をして、好きな昆虫を描く。
第3幕　木の葉と周りの光の彩色を行う。
第4幕　木の幹と夜空の彩色を行う。
第5幕　地面と星空を描き、作品の仕上げを行う。
第6幕　作品鑑賞会を行う。

3学期 「3学期の題材」—モデル作品＆指導手順

第1幕
木の幹と枝、花、ホタルの下書きを行う（45分）

（顔のように見える木の幹の写真を見せて）
T：この木、人の顔のようでしょう。今日はみなさんに、人の顔のように見える木に、ホタルやいろんな昆虫が集まって来て、何かしらお話をしているところを、絵に表します。
T：まずは、地面に鉛筆で薄く、1本の線を引きます。少し傾きを入れます。
T：クレヨンの一色を選びましょう。（水色、紫、ピンク、茶）
T：選んだ色で木の下書きをします。地面から上に描いていきます。
T：目と口は必ず入れます。後は自由に鼻やまつ毛、ほっぺた等を書き入れてもいいです。
T：枝の部分を描きます。
T：最後に、幹の縦の線を描きます。

ホタルの描き方

油性ペンで描く

花に頭を入れたものとおしりを入れたもの

花は10個ずつ程度、かためて描く。多様な方向、重なりも入れながら。

第2幕
ホタルと光の彩色をして、好きな昆虫を描く（45分）

ホタルの光

黄色の蛍光ポスターカラーで大きな光を描き、その真ん中にオレンジの蛍光ポスターカラーで芯の光を描く。
T：ホタルの頭は赤、体は黒で色をぬります。（クレヨン）
T：ホタルのおしりが入っている花は、花にも蛍光の黄色

をぬります。
T：ホタルとホタルの光、花の色がぬれた人は、自分の好きな昆虫を描きます。いつも使っている手のひら図鑑を参考にしてもいいですよ。

第3幕
木の葉と周りの光の彩色を行う（45分）

光のぼかしを行う

ホタルの光の周りに水を入れる。

水の周りに緑色をぬりにじませる。

ホタル、花のところを同様に行う。

木の葉の全体を緑色で着色する。

木の葉の周り、地面の線に光を描く。

第4幕
木の幹と夜空の彩色を行う（45分）

黄土色、茶色等で木の幹を着色する。

藍色で夜空をぬる。昆虫がいるときは周りに水を入れてにじませる。

第5幕
地面と星空を描き、作品の仕上げを行う （45分）

T：今日はいよいよ仕上げです。まずは、木の下の地面です。
　黄色、黄土色、黄緑、緑の中から3色を使って色をぬります。薄い色から順番にぬっていきます。
T：地面ができたら、いよいよ星空を描いて、仕上げです。綿棒に直接絵の具をつけて描いたり、色鉛筆に絵の具をつけて描いてもいいです。

児童の作品

　子どもたちは、それぞれに、自分たちのお気に入りの虫がいて、互いに交流し合っている。今回、絵画作品の中に、自分たちのお気に入りの虫を描かせたところ、細かいところまでよく表現していた。また、木を擬人化してそれぞれの表情をつけさせたら、やはり本人に似た表情が続出してきて、その後の鑑賞会では、「○○君に似ています」というコメントが出てきた。

　それぞれが、鑑賞会で友達や先生から良かった点、頑張った点をほめてもらい、大満足の様子であった。

○執筆者一覧

酒井臣吾　酒井式描画指導法研究会主宰	原田朋哉　大阪府池田市立秦野小学校
神谷祐子　大阪府大阪市立八幡屋小学校	宮﨑裕子　新潟県上越市立和田小学校
	木村雄介　大阪府大阪市立平林小学校
藤﨑富実子　高知県香美市立山田小学校	飯塚美代子　群馬県館林市立第八小学校
筒井隆代　大阪府八尾市立南高安小学校	佐藤貴子　愛知県愛西市立西川端小学校
谷岡聡美　大阪市立五条小学校	関澤陽子　群馬県館林市立第二小学校
小林俊也　熊本県熊本市立春日小学校	田中裕美　三重県津市立辰水小学校
吉岡繁　北海道夕張市立ゆうばり小学校	中桐信哉　大阪府大阪市立西九条小学校
前田晶子　大阪市立高殿南小学校	塩苅有紀　富山市立大久保小学校
三浦容子　新潟県三条市立裏館小学校	田村ちず子　元大阪府河内長野市小学校教員
神野裕美　埼玉県入間郡三芳町立三芳小学校	勇和代　大阪府泉佐野市立第三小学校
冨築啓子　大阪府八尾市立久宝寺小学校	井上和子　徳島県小松島市立坂野小学校
佐々木智穂　北海道帯広市立東小学校	寺田真紀子　大阪府和泉市立国府小学校
大沼靖治　北海道月形町立月形小学校	柴田裕美子　大阪府大阪市立長池小学校

酒井式描画指導で"パッと明るい学級づくり"　1巻
低学年が描くイベント・行事＝親が感動する傑作！題材30選

2017年4月1日　初版発行

編著者　酒井臣吾（さかいしんご）　神谷祐子（かみたにゆうこ）
発行者　小島直人
発行所　株式会社 学芸みらい社
　　　　〒162-0833 東京都新宿区箪笥町31番 箪笥町SKビル
　　　　電話番号 03-5227-1266
　　　　http://www.gakugeimirai.com/
　　　　E-mail: info@gakugeimirai.com
印刷所・製本所　藤原印刷株式会社
ブックデザイン　荒木香樹

落丁・乱丁本は弊社宛お送りください。送料弊社負担でお取り替えいたします。
ⓒ Shingo Sakai　Yuko Kamitani 2017 Printed in Japan
ISBN978-4-908637-35-3 C3037